コンパッション・フォーカスト・セラピーに基づいた
アンガーマネジメント：真の強さを育てるために

著

ラッセル・コルツ

監訳

石村郁夫　山藤奈穂子

星和書店

True Strength:

A Compassion-Focused Therapy Approach for Working with Anger

by

Russell Kolts, Ph.D.

Translated from English

by

Ikuo Ishimura

Naoko Yamafuji

謝辞

　本マニュアルは，ポール・ギルバート博士によるコンパッション・フォーカスト・セラピー（CFT）モデルに基づいています。内容の多くは，ギルバート博士らによる CFT とコンパッション・マインド・トレーニングから発展させたものです。さらに深く学びたい方は，ギルバート博士の *The Compassionate Mind*（コンパッション・マインド），拙著 *The Compassionate Mind Approach to Managing Your Anger: Using Compassion-focused Therapy*（怒りを扱うためのコンパッション・マインドによるガイド）を参照してください。クリストファー・ガーマー博士のすばらしい著書 *The Mindful Path to Self-Compassion: Freeing Yourself from Destructive Thoughts and Emotions*（セルフ・コンパッションへのマインドフルな道のり）もお勧めです。

　怒りのテーマに関してはとくに，本マニュアル作成過程において，ハワード・カシノーヴとレイモンド・チップ・タフレイトのアンガー・マネージメント（Anger Management）から多くを学びました。本書の後半 3 分の 1 のさまざまなエクササイズはこの書籍に紹介されているエクササイズから影響を受けています。さらに深く学びたい方は，このお二方，その同僚のレイモンド・デジサッピらの著作や論文を参照してください。

　怒りに取り組むためコンパッションを使うというわたしの考えは，歴史上の仏教の師，そして北米在住の仏教の尼僧ふたりのトゥブテン・チョドロン師，ペマ・チョドロン師による現代の著作，ダライ・ラマ猊下による著作，ジャック・コーンフィールド，シャロン・サルツバーグ，マチウ・リカールの著作から大いに影響を受けています。その数多くの著作は，コンパッションと優しさに根差し，つらい感情に取り組む方法を紹介しているので，ぜひ参考にしてください。とくにチョドロン師のすばらしい著作 *Working With Anger*（怒りに取り組む）をお読みいただければ幸いです。

　最後に，ワシントン州立エアウェイ・ハイツ刑務所のゲイトレス（門なき）教団（AHCC）の方々と，怒りのグループ・プログラムの最初の参加者の方々に心から感謝しています。本マニュアルを作成するにあたって最初のインスピレーションと貴重なフィードバックをいただき，いまのマニュアルへと仕上がりました。本マニュアルが読者のみなさんにとって実りあるものとなったときは，本プログラムの実現に力をお貸しくださったギルバート博士，そして仏教の歴史上の師と現在の師に，実践者に，学者に，感謝していただけましたら幸いです。なお，文責はすべて筆者にあります。

ラッセル・コルツ

このワークブックの使い方

このワークブックを有効にご活用いただくために本書の全体像についてご説明いたします。

本マニュアルは，ラッセル・コルツ博士がグループ・プログラムで用いられるテキストです。ラッセル・コルツ博士は，退役軍人，性犯罪被害者，気分障害の怒りの問題を抱える方に従来のアンガーマネジメントを活用していましたが，うまくいかず非常に苦慮していました。そこで，コンパッション・フォーカスト・セラピーに出逢い，これまでのアンガーマネジメントにコンパッションという視点を取り入れて，開発されたのが本マニュアルです。

ラッセル・コルツ博士のグループ・プログラムは，毎週2時間の12回セッションとなっており，そこで本マニュアルが参加者に配られており，テキストとして利用されているのです。セッションの開始部分では，前回のホームワークの振り返り，マインドフルネス瞑想が行われ，本マニュアルにしたがって，簡単な説明と解説がなされます。それを受けて，参加者が自らの体験と照らし合わせて，ワークシートに記入したり，グループディスカッションをしたり，エクササイズを体験したりします。そのエクササイズやワークを通して得られた気づきを参加者同士でシェアリングをし，次回までのホームワークを共有し，セッションを終える

というのがだいたいのセッションの流れとなっています。

　本マニュアルは12週間にわたるグループ・プログラムで，ステップバイステップで順に，怒りの問題に対してコンパッションを使って取り組めるように工夫されております。以下の12セッションから構成されています。

　　　セッション1　怒りのためのコンパッション・フォーカスト・セラピー
　　　セッション2　3つの円のモデル
　　　セッション3　コンパッションとは何か
　　　セッション4　脅威反応としての怒りをよく理解する
　　　セッション5　怒り反応を理解する
　　　セッション6　怒り，感情，注意
　　　セッション7　やっかいなパターンを変える方法を学ぶ
　　　セッション8　怒りのクセに取り組むRAGEモデル
　　　セッション9　受け入れ，耐える
　　　セッション10　難しい状況にコンパッションをこめて取り組む
　　　セッション11　コンパッションの行動―自己主張（アサーション）のスキル
　　　セッション12　コンパッションを他者へと広げる
　　　付録　おまけのエクササイズ

　セッション1から3までは，コンパッション・フォーカスト・セラピーの基本となる主な考え方をピックアップして解説しております。セッション4から6までは，怒りについて理解を深めるセッションになります。セッション7から10は，怒りのRAGEモデルにしたがってどのようにコンパッションを育んでいくかが説明されております。セッション11は怒りをどのように表現していくのか，セッション12ではコンパッ

ションを他者にどのように広げていくのかが解説されております。付録
では，セッション 1 から 12 で取り上げられていないコンパッション・
フォーカスト・セラピーのエクササイズである，コンパッション・レター
や理想的なコンパッションに満ちた人のイメージが紹介されております。

　セッションはステップバイステップで怒りの問題に対処できる工夫が
なされています。グループ・プログラムは，12 週間にわたり実施され
ますが，ひとつひとつ体験的に学びを深めていくことが望ましいとされ
ておりますので，もし，腑に落ちないセッションがあったら無理に次に
進まずにしっかりと取り組み，十分に理解を深めてから次に進むことを
お勧めします。ご自分で取り組んでいて，わからないことがあったら，
身近にいらっしゃる心理の専門家にお尋ねいただければと思います。

　ラッセル・コルツ博士は，怒りの問題を抱えた人にこのマニュアルを
体験してもらい，さらには，参加者の生の声を聞いて，このプログラム
は改善されて開発されております。また，ここ最近，PTSD をもつ退役
軍人に対してこのプログラムが実施されており，このプログラムの有効
性も確認されました (Grodin, Clark, Kolts, & Lovejoy, 2019)。最新の理論に基
づいた科学的な手法となっております。

　また，このマニュアルを活用するにあたり，いくつかの注意点が挙げ
られます。ひとつ目は，医療機関に通院されている方は，ぜひ心理士の
サポートを得ながら進めていっていただければと思います。二つ目は，
このマニュアルは個別でも利用できますが，グループディスカッション
の箇所では他の参加者の意見を聞いて新しい発見や気づきを得たり，同
じような境遇の参加者にわかってもらえるという共感される経験は少な
くなってしまいます。三つ目は，本マニュアルは，ディスカッションの
実例などは紹介されていません。実際のセッションでは，著者のラッセ
ル・コルツ博士や臨床心理士がグループのファシリテーターをし，上手
にグループでのディスカッションが深まるように対応していますので，
グループ・プログラムでは書かれている内容以上の学びがある可能性も

あります。

　本マニュアルは，人が怒りを感じる動物である以上，一生，活用できるものになります。このセッション12にラッセル・コルツ博士も言及しているように，繰り返しコンパッションに取り組み，日常生活でも実践し，他者にも広げていくことで，あなたのコンパッションをたしかなものにしていってください。本書が長きにわたりあなたの人生を豊かに，そして幸せにさせるものになるよう心から願っております。

東京成徳大学　石村 郁夫

【引用文献】

Grodin, J., Clark, J.L., Kolts, R., & Lovejoy, T.I. (2019). Compassion-focused therapy for anger: A pilot study of a group intervention for veterans with PTSD. Journal of Contextual Behavior Science, 13, 27-33. https://doi.org/10.1016/j.jcbs.2019.06.004

はじめに

怒りに取り組むコンパッション・フォーカスト・セラピー（Compassion Focused Theray：CFT）へようこそ。わたしたちはこのグループを「真の強さ（True Strength)」と名づけました。なぜなら，わたしたちの目標はただ怒りに取り組むだけではなく，新しいタイプの強さ，つまりコンパッションの強さを育てることにあるからです。

みなさんにご参加いただき，とても嬉しいです。誰もが異なる経歴をもち，異なる経験をもってここにいます。それはつまり，みなさんが怒りのような扱い難い感情を扱うための新しい方法を身につけたいと願っているからです。そしてたぶん，より優しく，より幸せを感じられる人間になりたいと願っているからです。このグループに参加したということは，みなさんには勇気と強さがあるということです。なぜなら，怒りやそのほかの扱い難い感情に取り組むのは，決してかんたんではないからです。

怒りやそのほかの感情について話そうとすると，自分を弱く傷つきやすく感じるかもしれません。そこで，まずは少し，お互いのことを知るところから始めましょう。少し時間をとって，自分のことをまわりに伝

え，これからこのグループでどんなことを学びたいと思っているかを伝えてみましょう。自己紹介のあと，グループワークをどんなふうに行うか考えていきましょう。そして，参加者全員が安心して，安全に，怒りやそのほかの感情の扱い方を学ぶためのガイドラインについて考えてみましょう。

　最初のいくつかのセッションでは，かなりしっかりと時間をかけて，コンパッション・マインド・モデルについて学びます。脳がどう進化してきたか，それがどんなふうに問題を生みだしているか，その問題にどんなふうに取り組むことができるかというモデルです。たとえば，激しい怒りの感情がわくのはわたしたちのせいではなく，ほかの動物の脳と同じように人間の脳も進化のなかで形づくられてきたからだということを学びます。ほかの動物と同じように，人間もまたありとあらゆる，とても強力な感情を感じますし，その感情は制御がとても難しいのです。

　しかし，動物とは違って，わたしたちは自分の感情を理解し，それに対して責任をもつ方法を学ぶことができます。その方法とは，マインドフルになり，怒りがどんなふうにわたしたちの中で作用するのかにもっとうまく気づけるようになること，コンパッションを学び，身につけること，自分を偽ることなくどう振る舞いたいか決断できるようになることです。こうすれば，怒りに支配されるのではなく，怒りをよりうまく制御する方法を身につけることができるのです。本マニュアルでは，これから行うプログラムの大切な概念をまとめ，お伝えします。これを参照しながら進めてください。これらの概念については，グループでエクササイズをするときには何度も参照します。

　また，みなさんにもこのプログラムをよりよいものにするためにお力を貸していただきたいと考えています。怒りは，世界中の多くの人々の悩みの種となっています。わたしたちの目標は，怒りの問題を抱える人々を助ける方法を見つけ，世界をより平和な場所にすることです。どうか，このプログラムについてのご意見をお聞かせいただき，これをさらに改

良していくために力を貸してください。結局のところ，もしみなさんの
お役に立たなければ，本プログラムは何の役にも立ちません。ですから，
テスト・ドライバーになったつもりで，本プログラムのモデルを検証し，
どこが効果的で，どこに改良の余地があるのかをお伝えください。筆者
らの言葉をうのみにすることなく，試し，みなさんにとって効果がある
かどうか確かめ，効果のあるもの，ないものをぜひ教えてください。コ
ンパッションを生活に取り入れ，怒りとうまく付き合う最善の方法を見
つけるため，力を貸していただけたら幸いです。

目　次

セッション **1**

怒りのための
コンパッション・フォーカスト・セラピー

 はじめに

まず，お互いのことを少し伝え合いましょう。少し時間をとって，軽く自己紹介をします。出身，興味をもっていること，なぜこのプログラムに参加しようと思ったのかも少しお話しいただけるとよいかもしれません。

 グループのガイドライン

自分の感情について語るのは，とくに慣れていない場合には，難しく，恥を感じることさえあるものです。でも，必ずしも恥やつらさを感じなければならないということはありません。むしろ，感情について話し合うのは（それが話したくないような感情のことであっても），ここで話しても安全だと感じられるのであれば，大きな力になります。ですから，

グループセッションを始めるにあたって，お互いが共にいて安全だと感じられるようにしていきましょう。

わたしたちはみな，姿かたちは違っても，同じ種の生き物です。誰もがみな等しく人間として，扱い難い感情や状況を乗り越える方法を身につけようとがんばって生きています。本プログラムでグループワークを行う目的は，自分だけ何とかするのではなく，互いに助け合うことです。

何でも安心して伝え合える場所にするためには，相手にどんなふうに接する必要があるのか，少し考えていきましょう。何があれば，心から安全だと感じ，これまで取りかかりたかったけれど難しくて取り組めなかったことに挑戦できるでしょうか？　少し時間をとって考えてみましょう。グループワークが問題なく滑らかに進むために何があったらよさそうでしょうか？　協力してグループワークに参加できるようにするアイデアを考えましょう。

怒りに取り組むためのコンパッション・フォーカスト・セラピーによるアプローチ

このモデルは，ヒトが地球上のほかの動物と同じ基本的感情や欲求をもつ脳をもって進化した種であると理解するところから始まります。わたしたちはこうした脳をもち，怒り，不安，喜び，欲望のような扱い難い感情を感じる力をもって生まれました。人間として生きるということは，折にふれこういった感情に対処しなくてはならないことを意味します。

わたしたちは，たまたまこうして生まれここにいます。ありとあらゆる激しい感情を生みだす脳をもって生まれましたが，その脳はわたしたちが自分でつくったわけでも，選んだわけでもありません。それを理解していただくことが重要です。生まれ落ちた社会的な環境もまた，自分で選んだわけではありません。なのに，その環境は行動，価値観，感情

反応の形成にかなり大きな影響を与えています。これを理解すれば，頭の中で起こっていることの多くがわたしたちのせいではないとわかります。わたしたちはこんなふうになることを自分で選んだわけでもなく，意図したわけでもないのです。けれど，もしもっと穏やかに，幸せに暮らしたかったら，脳についてもっとよく理解することが役立ちます。そうすると，心と脳がつくりだすやっかいな感情を，責任をもってうまく扱うための方法を身につけ，人にうまく接することができるようになるのです。

 ## セッションの進め方

1. 脳がどんなふうに働いているのか，なぜそんなふうに働いているのかを学びます。

2. 怒りについて学びます。怒りとは何か，どこから来るのか，その機能は何なのか，よくみられるトリガー（引き金）とそのパターンにはどんなものがあるかを学びます。
    - 怒りは重要な感情で，すべての人においてほぼ同じように機能します。でも，ときとして大きくなりすぎて，ほかの感情をかき消してしまい，わたしたちの目を閉ざして，思考や行動するときの選択肢を狭めてしまいます。怒りへの効果的なかかわり方をこれから学んでいきましょう。

3. コンパッションとはどんなものか，わたしたちの悩みにどんなふうに力を貸してくれるのかを学びます。
    - 冒頭からこれをお伝えしなくてはいけませんが，「コンパッションって弱くなることでしょう，やわになって，自分を甘

やかすことじゃないんですか，ふわふわした甘ったるいものなんでしょう」というようなことが，よく言われます。それは誤解です。真のコンパッションとは，決して楽な選択肢ではありません。どこまでも強く，正直で，誠実であること，痛みと苦しみに耐える術を身につけること，それがコンパッションにおいて求められます。弱さ，服従，回避，逃走，嘘やごまかし，あるいはただ脅威の感覚を回避するために怒りや攻撃性を行動化することからは，コンパッションは決して生まれません。コンパッションは確かに強さのひとつのかたちであり，勇気があってはじめてコンパッションに満ちた存在でいられるのです。

- 怒りはたいていの場合，脅威と結びついていますが，コンパッションはありとあらゆるタイプの感情，思考，行動とかかわっています。

4．コンパッションを育み，怒りの感情とエピソードをコンパッションの心で理解できるように，さまざまなエクササイズを学び，実践します。

- 身体を「トレーニング」して強く，柔軟に，健康になるよう鍛えるといいますが，これから心をどんなふうに「トレーニング」すれば，強く，しなやかに，健康に，かつ心穏やかに，幸せになれるかを学びます。

コンパッション・フォーカスト・セラピー（Compassion Focused Therapy：CFT）では，特有の技法を使って，心と怒りにどう取り組むかを学びます。

これから使う技法は以下のとおりです。

- **マインドフルネスのスキルを上げる。** マインドフルネスによって，感情や思考が浮かんだときにそれに気づき，観察し，つらい感情をありのままに受け入れ，それに取り組むことができます。
    - 怒りのような苦しい感情が浮かんだときそれに気づくことができれば，一歩引いてそれを眺める余裕が生まれ，怒りに支配されて相手をやり込めたり怒りを抑圧したりするのではなく，その怒りについてどうしたらいいか決めることができます。
    - つらい感情をマインドフルに（つまり，批判せず，ありのままに気づき，受けとめるようにして）扱うことができれば，怒りの命じるままに動かずにいる不愉快さに耐える方法を身につけられます。怒りはそれに応じて行動したいという強い動機づけを生みだします。その動機づけに逆らうのは不快なものです。マインドフルネスはこのときの不愉快さをうまく扱えるようにしてくれます。

- **自他へのコンパッションを育てる。** コンパッションをもつとき，人は防衛や怒りに突き動かされるのではなく，優しさ，思いやりに心を尽くそうという強い意志によって動きます。
    - コンパッションを自分に向けることによって，自分を落ち着かせ，リラックスして，怒りに火を注ぐネガティブな感情や苦痛を扱えるようになります。
    - 他者にコンパッションを向けると，その人の行動をよりよく理解することができ，その結果，その人の行動に怒りを感じにくくなります。

- **怒りと葛藤場面を扱うための巧みなやり方を身につける。**
    - 怒りをかきたてる身体の覚醒を穏やかにするエクササイズ

と，怒りを引き起こす場面にうまく対処する方法を学びます。

○ 自己主張（アサーション）スキルと効果的なソーシャルスキルは，怒りによって望んでもいない結果をもたらすことなく，あるいは受け身になることなく，要求を通すために役立ちます。また，要求が通る可能性も高くなります。

 ## マインドフルネスとは何か

怒りのようなやっかいな感情に取り組むのは意志の問題だと思われがちです。これまでとは違う行動を取ると決めさえすればいいんだ，そして行動するだけだと。事はそんなにかんたんではありません！

怒りは生物学的な根拠をもつ脅威反応であり，しっかりと学習された思考，感情，行動のパターンに結びついています。一度怒りに火がつけば，いつものパターンがほとんど自動的に始まります。それはまるで脳における「もっとも抵抗のないルート」のようです。ですが，わたしたちはそのルートを変えることができるのです！

わたしたちは問題を引き起こすパターンを遮断し，変える方法を学ぶことができます。その手始めとしてお勧めの方法は，いつものパターンを指し示す心の動きに気づくことです。これは実際かなり難しく，熟練を要します。だからこそ，まさにこのスタート地点から始めます。そのために「マインドフルネス」と呼ばれるスキルを学びます。

マインドフルネスを学ぶと，次の2つのことができるようになります。

▪ **注意の動かし方がわかるようになります。** 自分の決めたところに注意を向け，そのまま注意を向け続けます。普段は，ありとあらゆるところにすばやく注意が移り変わり，コントロールできません。そしていったん腹が立つと，その怒りの元となった対象に注意が固定

されがちです！　マインドフルネスは，注意の「スポットライト」をコントロールできるようにし，自分の望むところに注意を向け続けられるようにしてくれます。

　　○ **注意を向ける先をコントロールするのは，怒りを扱ううえでとても重要です。**怒りにとらわれてしまうと，脅威や欲求不満の源から注意が外れなくなってしまうからです。

　　○ マインドフルネスはわたしたちの力を強くして（エンパワーメントして）くれます。だからこそ，怒りと脅威の反応に支配されてしまうのではなく，自分自身で注意を向ける先をコントロールできるのです。

　■ 何らかの思考，感情がわきあがったとき，身体感覚が起こったときにすぐに気づけるようにします。多くの場合，わたしたちの注意は思考や感情に完全にとらわれてしまいます。思考や感情が，心の現象としてではなく，あたかも「現実」のように感じられます。マインドフルネスによって，思考，感情，身体感覚があらわれたときそれに気づくことができます。それがどれほど強いものに感じられたとしても，心の中で起こっていることにすぎないとわかります。

　本プログラムでは初回でマインドフルネスを学びますが，それはマインドフルネスが習得すべき「スキル」であり，ほかのさまざまな難しいスキルと同じく，練習を重ねなくてはうまくならないからです。ですから，これから最初のマインドフルネスのエクササイズを行います。「エクササイズ」と呼ぶのは，まさに心をトレーニングして鍛えるためのものだからです！

エクササイズ｜マインドフルネス呼吸法

　このマインドフルネスのエクササイズでは，静かに座って，呼吸を観察し，呼吸から注意がそれたとき（たとえば，考え込んだり，身体感覚や外部の知覚に意識がそれたり，感情にとらわれてしまったりしたとき），それに気づくようにします。

《やり方》

▶ まず，居心地のよいところに座ります。両足を肩幅にひらいて，足の裏をぴたりと地面（床）に付けます。座り心地のよい椅子がないときは，床にあおむけに寝てもかまいません。大切なポイントはリラックスした姿勢でありながら，眠らずにいられることです。

▶ 次に，呼吸にやさしく注意を向けます。胸郭の下にある横隔膜を使って空気がしっかりと入っていくように息を吸い込みます。息を吸い，吐くときに，お腹が上がって，下がるのを感じましょう。30秒ほどそのまま呼吸をしっかりと観察します。

▶ どんなことに気づきましたか？　きっとみなさん同じように，かなりすぐに心がさまよい始めたことでしょう。「こんなことして役に立つのかな？」とか「お腹減ったな，早く何か食べたいな」とか，あるいは「これで合っているのかな？」といった思考が浮かんだりしたことでしょう。

・ ここでやるべきことは，ただ呼吸を観察することです。そして，注意がそれたとき，それに気づけるようになることです。呼吸から注意がそれたことに気づいたら，何度も何度も繰り返し，やさしく呼吸へと注意を向けなおします。

・ 注意がさまようのは問題ではありません。むしろ，このエクササイ

ズでいちばんのポイントとなるのは，思考や感情が浮かんだとき，別の身体感覚に注意が向いてしまったとき，それに気づけるようになることです。実のところ，**注意がさまようほうがいいのです。思考や感情がわいてきたときに気づく練習ができるからです。**

- 静かに座って，呼吸を観察するというのは，慣れていないとなかなか難しいものです。

- ただ静かに座っていることすら落ち着かないという人もいるでしょう。わたしたちは「何かする」ことに慣れすぎています。

- 実はこの落ち着かない感じこそ，心の動きに気づくためのちょうどいい練習になります（そして，やさしく注意を呼吸に戻しましょう！）。

- **大事なのは，思考や感情が起こったときに，それを判断せずにいることです。心の動きとしてただ気づくようにします（「ああ，また考えが浮かんだな」と）。それからまた呼吸に注意を戻します。**

- 自分ががんばっているとは思えなかったとしても，このエクササイズはそもそもとても難しいものです。ですが，みなさんは人生で数多くの困難を乗り越えてここまで来ています。このエクササイズもきっとうまくできるはずです。

- **「やり方がまちがっている」ということは決してありません。**何度も何度も呼吸に注意を戻し続ければいいだけです。どれだけ思考に注意をそがれてしまったとしてもかまいません。

- 2分間やってみましょう。

セッション1のホームワーク

何でもそうですが，怒りのようなやっかいな感情の扱い方を学ぶときも，練習を重ねなければなりません。

▶ これからの1週間のうち5日間(できれば毎日1回),一度に2分間,この「マインドフルネス呼吸法」のエクササイズをやりましょう。

- これは自分の心の動きを見つめる方法を身につけるためのエクササイズです。
- エクササイズの最中にやっかいな感情(気が散るような思考,身体感覚,外部のことに気を取られたら……誰にでもよくあることです)がわきあがったら,それに気づき,また呼吸に注意を戻します。あとの実践記録表に気づきを書き込み,次のセッションで話し合えるようにしておきましょう。
- 忘れないでください,このエクササイズはかんたんなものではありません！ あまり自分にプレッシャーをかけないようにしてください。これは文字通り,脳を「トレーニング」して鍛えるためのものです(実際に,ある脳の部位がエクササイズによって大きくなります。その部位とは,やっかいな感情を扱うときに使われるところです！)。
- 身体のトレーニングを始めるときとまったく同じように,小さな負荷から始め,辛抱強く取り組み,自分にちょうどいいペースで行えるようにエクササイズを習慣にします。

マインドフルネス呼吸法　実践記録表

エクササイズを行った日

　　月（　　　）　　火（　　　）　　水（　　　）　　木（　　　）

　　金（　　　）　　土（　　　）　　日（　　　）

マインドフルネス呼吸法をして気づいたこと

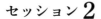

セッション **2**

3つの円のモデル

 ホームワークの振り返りとマインドフルネスの実践

みなさんのホームワークは，この1週間のあいだに2分間の「マインドフルネス呼吸法」のエクササイズを少なくとも5回することでしたね。ここでおさらいをしましょう。5分間の「マインドフルネス呼吸法」のエクササイズから始めます。

▶ 「マインドフルネス呼吸法」のエクササイズを行ってみていかがですか？

▶ 思考に注意がそれてしまったら，それに気づけますか？

- ほんの一瞬だけ，呼吸から意識がそれる思考もあれば，数秒気を取られるものも，完全に没頭してしまうものもあります。この「さまよえる思考」はいたって普通のことで，それ自体は問題ではありません。ここでカギになるのは，注意がそれたことに気づき，それに「思考中」などのラベルをつけ，呼

吸に注意を戻すことです。何度も，何度も。

▶ 呼吸への注意を妨げるものはありましたか？　このエクササイズの
妨げになったものは何でしょうか？

　　▪「何だかいやだ」と思っていますか？　もしそうなら，どう
　　いうところが気に入らないでしょうか？

　　▪「やり方をまちがえている」ように感じますか？　どんな状
　　況なら「やり方が正しい」のでしょうか？　あなたが期待し
　　ているのはどんな結果でしょうか？

このエクササイズを始めたばかりのうちは，いやだと感じたりやりた
くないと思ったりします。それは極めてよくあることです。

▪ わたしたちは常に何かしらの行動を取るよう学習してきました。で
すから最初のうちは，ほとんど何もせずじっと座っているのが落ち
着かないかもしれません。

▪ これまでの人生の中で，あなたはたくさんの困難を乗り越えてきま
した。だからこう考えてみるのはいかがでしょう。「静かに座って
自分の呼吸を観察することは，本当にそこまで難しいことだろう
か？」と。

▪ 覚えておいてください，このエクササイズでは**必ず**気が散ります。
それは悪いことではありません。注意がそれたとき，それに気づく
ことが，心の観察の仕方を学ぶ方法なのです。とにかく根気よく続
けること，それが秘訣です。

▪ このエクササイズを行っている途中に，ときどきやっかいな記憶や
感情が頭をもたげることもあるはずです。かなり苦しくなることも
あるしれませんが，それはいたって普通のことです。苦しくなった
ら，「心が活動しているんだな」とその感情に気づくようにして，
呼吸に注意を戻します。こうした体験をセッションで話し合うのも

よいですね。その体験をどう扱うか，みなさんと共に話し合うきっかけになります。

 ## ３つの円のモデル

　怒りに対処するコンパッション・フォーカスト・アプローチは，感情を次のようなCFT特有の視点でとらえます。

- CFTでは，人間には３つの感情統制システムがあると考えます。

1. 赤の円は脅威のシステムです。脅威を感じたときに自分の身を守ろうとする反応で，自分の身の安全を確保することへと意識が集中します。怒り，恐怖，不安，嫌悪，悲しみ，あるいは心を閉ざすといった感情につながっています。
2. 青の円は動因／興奮のシステムです。いろいろな目標や資源を追い求めるエネルギーを与えてくれます。また，欲求，何かを成し遂げたいという動機づけなどの感情と結びついています。
3. 緑の円は安全のシステムです。安心する，満足する，大切にされている，他者や動物との絆があると感じる部分に関係しています。他人に優しくしたい，何かを育みたいという動機ともかかわっており，好かれている，大事にされている，安心だ，などと感じたときに活性化します。

コンパッション・フォーカスト・セラピーにおいていちばん肝《きも》となるのは，この３システムのバランスの調整です。たいていの場合，「赤のシステムから抜け出し，緑のシステムへと移行する」ことをめざします。

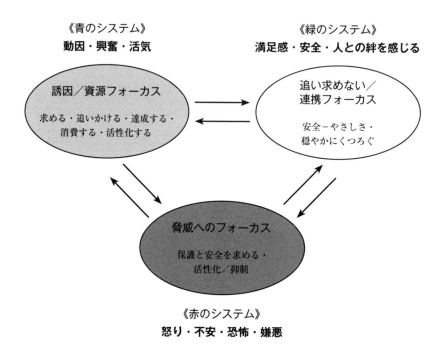

図2　感情統制システムの3つのタイプ

- 赤のシステムによる感情で動いているとき（たとえば怒りに駆られ
　ている場合）
　　◦ 自分では**望まない感情**を多く体験します。
　　◦ **絶えず脅威にさらされている**と感じ，思考も注意も脅威にば
　　　かりフォーカスします。
　　◦ 身体は**緊張**状態となり，それが長引くと，痛み，胃腸の不調，
　　　頭痛，不眠などを引き起こします。
　　◦ 選択肢がほとんど考えられなくなります。**視野が狭く**なり，
　　　「とらわれた」とか，「抜け出せないループにはまり込んでし
　　　まった」と思うようになります。

◦守勢に回り，孤立感をもってしまうため，人に助けを求めにくくなります。

- 調和が保たれ，緑の円（スージング・システム）が活性化しているとき
  ◦ネガティブな感情は感じますが，その感情にのまれてしまうことはありません。
  ◦脅威の感情からある程度の距離を取れるようになり，脅威の感情に対応できているという自信が生まれます。
  ◦身体がリラックスしていることを実感でき，身体に働きかけて緊張を緩めることができます。
  ◦選択肢が広がります。注意の範囲が広がり，やっかいな状況への対処法をいろいろ思いつくことができて，そこからベストな道を選ぶことが可能になります。
  ◦人とのつながりを感じられ，人に助けやサポートを求められるようになります。

■ マインドフル・「チェックイン」

　ふだんと異なる感情を感じているとき，自分の中で何が起こっているのか，マインドフルな気づきを使って「チェックイン」する（注意を向ける，入る）ことができます。脅威を感じ，「赤い円」の状態にいる自分について考えてみましょう。身体の危険を感じている場合もありますが，（人とのかかわりによって感じる）社会的な危険の場合のほうが多いでしょうし，（それ以前の思考によって感じる）心理的な危険のこともあるでしょう。最近あった脅威のシステムが活性化した状況を思い出してください。

- 身体はどんな感じがするでしょうか？　脅威を感じているとき，身体ではどんなことが起こるでしょうか？
- 脅威を感じたとき，どんな感情を感じますか？
- どんなことを考えますか？

　それでは，安全で，思いやりを向けられ，大切にされていると感じる「緑の円にいる」ときについて考えてみましょう。自分がそんなふうに感じたときのことを思い出すか，想像してみてください。あなたを大切に思い，あなたのことを好きでいてくれる人，思いやってくれる人と一緒にいるときのことをイメージしてください。

- 身体はどんな感じがするでしょうか？　安全だと感じているとき，身体ではどんなことが起こるでしょうか？
- どんな感情を感じますか？
- どんなことを考えますか？

　「チェックイン」はいつでもできます。マインドフル・チェックインによって，身体の感じ，感情，思考，そしてそれらが互いにどうかかわりあっているかに気づくことができます。

　もうお気づきかもしれませんが，赤（脅威）のシステムはほかの２つのシステムよりも強い影響力をもっています。つまり心地よさや安心感より，怒りや恐怖のほうが感じやすいのです。これには理由があります。人が脅威のシステムを強く発達させ，進化させてきたからなのです。「転ばぬ先の杖」方式で動くのです。
　ここで大切なのは，わたしたちの怒りや，その他もろもろの脅威のシステムの反応（恐れや悲しみなど）は，生物学的根拠に基づいた反応であり，**自分たちの身を守るために数億年の時をかけて進化してきたもの**

だと理解することです。

- こうした感情は，「自分はどこかおかしい」というサインでも，その人が弱いという証でもありません。
- こうした感情を感じるかどうかを，自分で選んだわけではありません。
- 怒り，恐怖，悲しみなど，自己防衛のための脅威の感情があるのは，わたしたちのせいではありません。ただ，それは自分の感情であり，自らの人生に悪影響を与えることもあります。わたしたち自身が自分の幸せに責任をもってそれをコントロールしていく必要があります。
- とても活発な状態にある脅威システムのバランスを調整する方法は，スージング・システム（緑の円）を活動させる取り組み，つまり，わたしたちの脳を今までとは違うやり方で反応させる訓練を通して，身につけることができます。

セッション2のホームワーク

- ▶「マインドフルネス呼吸法」のエクササイズは，一度に5分間以上，これから1週間のうちに5日しましょう（できれば1日に1回行うとよいでしょう）。
  - このエクササイズは，自分の心の動きを観察するためにつくられました。
  - やっかいな感情（あるいは気が散ってしまう思考や身体感覚，自分のまわりの気になるもの……心当たりがあるでしょう！）が生じたら，それに気づくようにして，それから呼吸に意識を戻しましょう。実践記録表に記録しましょう。その

対処の仕方についてグループで話し合うことができます。

▶「マインドフル・チェックイン」は30秒〜1分間,1日1回以上行ってください。

- ただ身体,感情,思考を意識して,気づくようにします。
- そのときの感覚を,判断することなく観察します。ありのままに「これはいま,こういう感じなんだ」と受け入れます。
- やっかいな感情や思考に気づいたら,それが心の中で起こる一時的なものにすぎないと気づけるようにします。
- それができたら,やっかいな思考や感情を手放し,何かほかのことに注意を向けなおします。

マインドフルネス呼吸法　実践記録表

エクササイズを行った日

　　月（　　）　火（　　）　水（　　）　木（　　）

　　金（　　）　土（　　）　日（　　）

マインドフルネス呼吸法をして気づいたこと

セッション **3**

コンパッションとは何か

　前回は3つの円のモデルについて学びました。また，脅威システムが強く活性化しているから数々の問題が起こること，スージング・システムを活性化して感情システムを調整することを学びました。

　このモデルにおいて，スージング・システムを活性化するひとつの手法として，自他へのコンパッションを育てるという方法があります。わたしたちは誰もがみな扱いづらい脳を抱えているのですが，それはわたしたちのせいではないという理解をその基礎として，コンパッションを育みます。今回は，コンパッションとは何か，コンパッションがどのように役立つのか，コンパッションをどう育てるかについてお話ししたいと思います。

　いま，みなさんはこう思っているかもしれません。「いつになったら怒りについての話になるのだろう？　そのためにここに来たっていうのに！」　ご心配なく。怒りについてはのちほどたっぷりとお話しする予定です。でもその前に，コンパッション・マインドによるアプローチについて詳しくお話ししたいと思います（この手法は怒りだけでなく，多くの扱いづらい感情や状況に対処するのに役立つはずです）。

そもそもコンパッションとは何か

コンパッションとは，ただ幸せになりたい，苦しみたくないという，すべての人に共通の考えであり，わたしたちすべてを導く基本的な動機に基づくものです。

コンパッションの一般的な定義は「自分自身や他人の苦しみに心を痛めること，その苦しみを和らげたいという動機づけをもつこと」となっています。

この定義には2つの大きなポイントがあります。

- 心をひらいて苦しみを受けとめ，敏感に感じとる——自分自身や他人の苦しみや痛みを**気にかける**。
- 苦しみを軽減したいという動機づけ——自分自身や他人の苦しみや痛みを見て，**助けたくなる**。

コンパッションは，苦しみや感情的な痛みへの対処の仕方が通常とは大きく異なります。わたしたちの文化では，コンパッションとは真逆のメッセージを受け取ることが往々にしてあります。例えば次のようなものです。

- 傷ついたとかつらいとかいうのは，自分に何か問題があるということだ。
- つらい状況にあるのは本人のせいであり，とにかく自分で何とかするべきだ。
- 恐れや悲しみなどの感情を抱いているなら，それは本人が弱いということ，同情には値しない。
- つらいことが起こっても四の五の言わず耐え抜くことができなくて

はならない。

　こうしたメッセージは，自分の感情に対処するのに役立つどころか，人間として当たり前の感情のために自責し，恥ずかしく思うというサイクルに人を陥らせます。これでは何の役にも立ちません！
　コンパッションによるアプローチは人生をまったく新しい見方でとらえます。

- 人生は大変なことばかりで，誰でも痛みや恐怖，悲しみ，怒り，喪失感，深い苦悩，困窮，失意を感じることはあると認めます。
- そうした感情は弱さの表れではなく，人として誰もが普通に経験するものだと認めます。
- つらく困難なことを回避，否認，拒絶して認めず，扱おうとしないことが，苦しみと問題を生みます。
- つらく困難なことを受け入れ，正面から取り組む勇気とスキルを身につけられれば，もっと健やかに，幸せに生きられるのです。

 ## コンパッション・マインドによるアプローチ

　コンパッション・マインドによるアプローチでは，コンパッションをもって自他にかかわる方法を学びます。先ほどコンパッションの定義を学んだところですが，コンパッションに満ちた存在であることには多くの異なった要素があります。ちょうど脅威反応に多くの異なった要素があるように。
　次の図こそ，「コンパッション・マインド」についてお話しする理由です。コンパッション・マインドはわたしたちの心のあらゆる要素に影響を及ぼします。

26

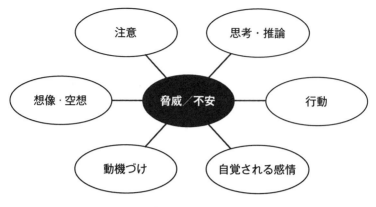

図 3-1 脅威の状態にある心／脳

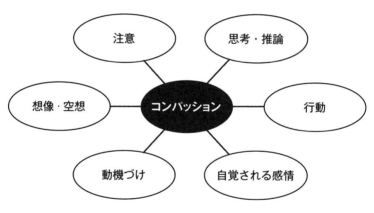

図 3-2 コンパッションに満ちた心／脳

- 注意──何に注意を払うか
- 思考・推論──物事の考え方
- 想像・空想──心の中でどんな想像が繰り広げられるか
- 動機づけ──やりたいと思うこと
- 行動──実際の行動

▪感情——何を感じるか

| エクササイズ | **2つのマインドセットを比較しよう** |

▶脅威を感じたとき，怒りを感じたときのことを考えてみてください。
イライラした，邪魔されたように感じた，危険が迫っていて安全で
はないと感じたと，想像してください。
　　◦何に注意を払いますか？
　　◦何について考えますか？
　　◦どんなことを想像しますか？
　　◦どんな行動をしたくなりますか？
　　◦どんな行動をしますか？
　　◦どんな感情を感じますか？

▶今度はコンパッションをもった視点から想像してみましょう。自分
や大切な人が苦しんでいるのに気づいたら，どうでしょうか。その
痛みを敏感に感じとり，助けてあげたいと思う自分を想像しましょ
う。
　　◦何に注意を払いますか？
　　◦何について考えますか？
　　◦どんなことを想像しますか？
　　◦どんな行動をしたくなりますか？
　　◦どんな行動をしますか？
　　◦どんな感情を感じますか？

この考え方がなんだか変だなと感じたり，なじまない感じがしたりし
ても心配いりません。責めるマインドセット（心構え）から思いやりの

マインドセット（心構え）へ，困難に直面して取り乱し苛立つ自分から，コンパッションをもって困難に心を寄せる自分へと変化するには，実践を重ねる必要があります。

　こういうふうに，わたしたちはコンパッションを弱さというよりむしろ強さや勇気と考えています。悩んでいることと向き合い苦しみを認めるのは，それを否定したり無視したりするよりずっと難しいのですから。
　はじめのうちはコンパッションを実際に感じられないように思えても心配いりません。大切なのは，自分自身や他人に対してコンパッションをもてたとしたらどんな感じだろうと想像してみることです。

- これを始めると，往々にして抵抗が起こることがあります。それはごく当たり前のことです。
- 例えるなら，今まで一度も使ったことのない筋肉を使おうとすると，ぎこちなかったり不快に感じたりするようなものです。

エクササイズ｜コンパッションの自己を育てる

　わたしたちの中には，いろいろな自己がいて，それぞれ独自の脳内の活動を示します。怒りの自己は，怒りのやり方で思考し，感じ，行動したがります。不安の自己，「恋する」自己，優しい自己は，それぞれがそれぞれの方法で考え，感じ，行動したがります。
　コンパッションの自己というパターンを自分の中に育てることによって，不愉快だったり扱いづらかったりする感情やパターンにうまく対処できるようになります。

- コンパッションは，怒りや不安を落ち着かせ，そうした扱い難い感

情と向き合い，それに耐え，対処する勇気を与えてくれます。

- 長所を伸ばすのと同じように，これには努力が要ります。例えば，バスケットボール選手やミュージシャンになるのに練習が必要であるのと同じように，コンパッションの自己を育てるにも練習が必要です。この練習は自分がなりたいタイプの人間になるのに一役買ってくれるでしょう。

▶ それではコンパッションをもった人とはどんな人なのか考えてみましょう。主な特性は以下のとおりです。

　　◦ **知恵**——自分自身の経験から得た知恵をもっている。
　　◦ **成熟**し，**内省力**がある——物事の本質を理解し，人生とはつらく苦しいものだと理解している。
　　◦ **強さ**と**自信**がある——毅然として，勇気をもつ。
　　◦ 大いなる**温かさ**と**親切心**がある。
　　◦ **非難**しない，**批判**しない。
　　◦ 自分を幸せにする**責任**をもち，力になりたい，よい方向に変えたいという**願い**をもつ。

このエクササイズでは想像力を発揮していただきます。想像力には，とても強力な効果があります。例えば怒りや恐怖は，イライラする状況や恐ろしい状況を頭の中で想像し，再生したために生じることがよくあります。本プログラムでは想像力をポジティブな方法で使います。もしあなたが理想のコンパッションに満ちた人であったなら，どんな人になるでしょうか。少し時間をかけて次のエクササイズを行いましょう。

▶ コンパッションに満ちた人になりたいと強く願い，コンパッションをもって考え，行動し，感じてみましょう。それぞれの特性につい

て時間をかけて想像しましょう。

- あなたは穏やかで，知恵があります。
- 自分の気持ち，相手の気持ちに気づくことができます。
- 自信があり，つらさに耐えられる力があります。
- 温かさと優しさをもっています。
- 批判することなく，苦しみを和らげるために手助けしたい，状況を変え，幸せを生みだす手助けをしたいと願っています。

- コンパッションに満ちた表情，例えばやわらかな微笑みを，浮かべます。
- あなたはどんどん大きくなっています。もっと強くなり，成熟して，賢くなりつつあるかのように。
- コンパッションの自分が大きくなるときの身体の感覚に注意を向けます。どんな感覚なのか，しばらく感じていきましょう。
- どんな声のトーンで，どんなことを話すでしょうか。どんな行動を取るでしょうか。
- 優しくできる喜びを感じましょう。

　覚えておいてください。自分にコンパッションの特性があると思えなかったとしてもかまいません。とにかく，もし自分がそうだったらと想像するのです。**もし自分がコンパッションに満ちた人だったら，どんな感じだろうとイメージする**のです。そうした特性を備えた自分を思い浮かべ，その特性のすべてをしっかりと全身につなぎとめましょう。身体がどんなふうに変わるか，感じましょう。気が散ってしまっても，うまくできない気がしても大丈夫です。新しいスキルを伸ばそうというときに，うまくできないと感じるのはよくあることです。ピアノやバレーボール，外国語を習うときと同じです。これらはすべて，新しいパターンの習得です。実践を重ねるにつれてうまくなるのです。

ホームワークの振り返り

- 「マインドフルネス呼吸法」のエクササイズの進み具合はどうでしょうか？
- 何か気づいたことはありますか？
- 覚えておいてください。注意を呼吸に集中し，注意がそれた場合には（雑念やほかのことで気が散ったと感じたときには），ただそれに気づいて，もう一度注意を呼吸に戻すというのが，このエクササイズのポイントです。
- 歩くとき，食事をするとき，あるいはどんな行動においても，マインドフルネスを行うことができます。

セッション3のホームワーク

- ▶ 「マインドフルネス呼吸法」のエクササイズを，少なくとも1回5分間，これから1週間のうち5日間（できれば1日1回）行います。
- ▶ 「コンパッションの自己」のエクササイズを，これから1週間のうち少なくとも2回，1回につき10分間行います。
- ▶ エクササイズの記録をコンパッション実践記録表に記入します。

コンパッション実践記録表

曜日	実践したエクササイズ，実践した時間	気づいたこと，役立ったこと
月曜日		
火曜日		
水曜日		
木曜日		
金曜日		
土曜日		
日曜日		

セッション4

脅威反応としての怒りをよく理解する

　コンパッション・マインドのモデルについて話し合ったところで，怒りの特性についてさらにみていくことにしましょう。まず，わたしたちの脳の働きについてお話ししましょう。というのも，脳の働きがつくりだすやっかいな問題こそが怒りに深くかかわっているからです。

　人にはいわば2つの脳——古い脳と新しい脳があります。

- **古い脳**は，恐怖，怒り，飢え，他者とかかわりたいという願望などのような基本的な感情や動機づけをつくります。古い脳の感情システムはとても**強力**ですが，必ずしも賢いわけではありません。
- **新しい脳**は，より複雑な働きをします。計画，想像，推論，反すう，「わたしはいったいどんな人間なのだろう」といった思考です。新しい脳は古い脳よりもずっと洗練されていますが，古い脳の感情に「ハイジャック」されることがあります。

この古い脳と新しい脳のコンビが問題を引き起こします。

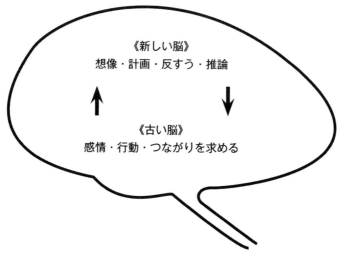

《新しい脳》
想像・計画・反すう・推論

《古い脳》
感情・行動・つながりを求める

図4　進化した脳

- ヒトの新しい脳の能力は古い脳の感情に「ハイジャック」されることがあります。
- 例えば，**古い脳はわたしたちを守るために進化し，そのためにかなり強い力を発揮して**怒りなどの脅威反応へとわたしたちを引き込みます。その結果，思考，想像が，怒りと，怒りを引き起こしたものにとどまり，なかなか離れられなくなります。
- こうなると，新しい脳はあらゆる想像や思考をつくりだし，それを頭の中で何度も繰り返し再生します。
- 強力な感情製造センターである古い脳は，外の世界で起こっている現実の脅威と，新しい脳がつくりだした思考や想像との違いをいつも見分けられるとは限りません。そうした思考や想像がガソリンの役目を果たし，古い脳の感情センターに燃料を供給してしまうのです。**わたしたちをずっと怒りっぱなしにするために。**

怒りとは何か？

- **怒りとは身を守るための脅威反応**で，数億年前にわたしたちの祖先の脳で生まれ，脅威から守るためにつくられました。
- **自分たちを脅かす状況や，欲しいものを手に入れる邪魔をされたときの反応として生じる感情あるいは身体感覚**として，怒りを感じます。
- 不公平だと感じたときや，欲しいものを手に入れようとする動きを阻まれたとき，あるいは他人が自分を傷つけようとしていると認知したとき，自分を辱めようとしていると認知したとき，怒りを感じます。
- 通常こうした状況では，「怒りを感じよう」と**自分で選択するわけではありません**。脅かされていると感じると怒りは**自然にわきおこ**ります。つまり，わたしたち自身ではなく脳が，危険を感じたときに自らを守ろうとするのです。
- 幼少期の学習経験が人によって異なるために，脅威を察知して怒りを感じる状況は人によって異なります。だからどんな状況に**自分の脅威システムが敏感に反応するのか**を知っておくことが大切です。
- 身体の危険，社会的な危険（「あの人に嫌われている」など），地位が脅かされる恐れ（「あの人はわたしの印象を悪くしようとしている」など），他者との軋轢が生まれる状況など，さまざまな脅威があります。多くの場合，自分の求めるものを阻まれ，じゃまをされたとき，それが脅威として感じられ，欲求不満を生みだします。

話し合おう

腹を立てやすいのはどんな状況ですか？　それはどんな脅威でしょうか？

- 欲求不満耐性が低い人は，ちょっとしたことで怒りを感じます。実際，そういう気質をもって生まれた場合，不満な状況に対して，より激しい反応をしやすくなります。
- 欲求不満耐性の低さはそのほかの問題，例えばうつ，不安，自分は安全ではないという心的感覚，ストレス，不公平だ／不当に扱われていると感じやすい，貧困や失業などの生活困難などと関係します。または，幼少期の養育者からこのようなパターンを学習する場合もあります。
- ポイントは，**怒りの引き金が何であったとしても，脅威システムが自分を完全に支配してしまう**という点なのです。怒りはさまざまな身体感覚を引き起こし，行動へと動機づけるべく進化しました。
- 怒り（そのほかの脅威感情も）がどんな身体感覚を起こすのかがわかれば，怒りが生じたときに気づきやすくなります。自分が怒ったとき，身体にどんな変化が起こるのか考えてみましょう。感情がどんなふうに身体にあらわれるのかがわかれば，感情をよりうまく扱えるようになります。

話し合おう	怒ったとき，身体にどんな変化が生じているか

> 自分が怒っていることにどのように気づきますか？
>
> ．
>
>
>
> とくに怒ったときにあらわれる身体感覚はどんなものでしょうか？
>
>
>
>

 ## 抵抗に対処する

- 怒りや，怒りに駆り立てられた行動が多くの問題を引き起こしていてもなお，怒りの扱い方を変えるのには大きな抵抗があるものです。

- 怒りという炎に油を注ぐ脳内の科学物質のせいで，**怒りは非常に強力に感じられます。**

- 怒りと自分をつなぐ綱を緩めてしまったなら，力を手放すことになり，弱くなってしまう，最後までやりきる動機づけがなくなってしまうというように感じられるのかもしれません。

- 怒りにうまく対処できたとき，怒りを進んで諦める，手放すことになります。怒りを手放すのはどうにも気が進まないかもしれませんね。怒りはずいぶん長い間共にいてくれた仲間なのですから。

変化への恐怖もあるかもしれません。何といっても，自分を守るため

に長い間にわたって怒りを使ってきたわけですから。もし自分が変わったら人生はこれからどうなってしまうのだろうと戸惑うかもしれません。だからこそエクササイズを行って，もっとも大きな怖れである変化への恐怖について考えてみましょう。

話し合おう

怒って反応するというやり方を手放した場合，どんなリスクがあるでしょうか？　何を失うことを恐れているのでしょうか？　怒るのをやめると，どんな悪いことが起こりそうでしょうか？

 3つの円に取り組むスージング・リズム・ブリージング

　怒りのような扱いづらい感情に対するコンパッション・フォーカスト・セラピーのアプローチで大きな役割を果たすのは，脅威システムが活性化したことに気づき，スージング・システム（安全システム，緑の円）を活性化して，各システムのバランスを取ることです。

　これから「赤の円（脅威システム）」を抜け出し「緑の円（スージング・システム）」に移る方法をいくつか学びます。しかしまずは，脅威システムが活性化し始めたときにそれに気づく方法と，それに対処できるように心と脳を落ち着ける方法を学ぶ必要があります。

　脅威システムの活性化に気づくという第一段階は，すでにマインドフ

ルネス・エクササイズで取り組んでいますので，その実践を続けましょ
う。ここでは，身体の覚醒が高まったときにそれを落ち着かせる方法を
学びましょう。このメソッドはスージング・リズム・ブリージングとよ
ばれます。

｜エクササイズ｜　スージング・リズム・ブリージング（SRB）

　このエクササイズは実はかなりシンプルです。マインドフルネス・エ
クササイズと同じで呼吸に集中しますが，スージング・リズム・ブリー
ジングでは目的が少し違います。ここでは，脅威システムが活性化した
ときの身体の覚醒に取り組み，心を落ち着かせるのが目的です。エクサ
サイズは以下のとおりです。

▶ 心地よい場所を見つけ座ります。足の裏をしっかりと地面につけ，
　背筋をなるべく伸ばします。横になってもいいですし，立った状態
　でもかまいません。大事なのは心地よい姿勢を取ることです。

▶ 2，3回ゆっくりと呼吸をします。口から吸って肺に息を溜め，鼻
　から吐き出します。時間をかけて，3つ数えながらゆっくりと息を
　吸い，息を止めて3つ数え，3つ数えながら息を吐き出し，3つ数
　える間待ってから，また息を吸います。身体と心がゆっくりと落ち
　着いてくる感覚に注意を向けましょう。それはどんな感じがするの
　か，感じとります。

▶ 呼吸をしながら，空気が横隔膜の中へと降りてゆくままにしましょ
　う。横隔膜は肋骨の下にあり，「V」の字を逆さまにしたような形
　をしています。息を吸ったり吐いたりするたびに横隔膜が上下する
　のを感じましょう。呼吸に意識を向け，少し実験をしてみましょう。
　呼吸を少し速くしたり遅くしたりして，自分にとって落ち着くちょ

うどいいリズムだと思える呼吸のパターンを見つけましょう。だんだんとゆっくり落ち着いてくる感覚に気持ちを向けることが大切です。

▶ スージング・リズム・ブリージングをすると，自分にとって落ち着き，心が穏やかになる身体のリズムに「チェックイン」して，それがオンラインになり，つながるような感じがします。30秒間ほどそのまま呼吸に気持ちを向けましょう。息が横隔膜へ下りていき，横隔膜が持ち上がり，空気が鼻から出ていくのを感じましょう。鼻のすぐ内側の空気の入り口に意識を向けてもよいですね。30秒間ただ，呼吸に集中してください。

▶ マインドフルネス・エクササイズと同じように，心がさまよっているのに気づいたときにはいつでも，ただ呼吸に意識を戻してください。口から吸って鼻から吐いてみるのも（またはその逆でも），少し集中しないとできないので，よいかもしれません。普段している呼吸とは違いますからね。こうすると，より呼吸に注意を集中しやすいかもしれません。

▶ このエクササイズは最低でも1回30秒，1日に数回行うと効果的です。ポイントは，落ち着いていて，だいたいリラックスしているときなど，やりやすいときに実践しておくことで，脅威システムが発動したと気づいたときに（心臓がどきどきし始めたり，呼吸が速くなったりなど）この方法を使えるようにすることです。

ホームワークの振り返り

- ホームワークのエクササイズの進み具合はどうでしょうか？
- 「マインドフルネス呼吸法」のエクササイズについて，効果を感じたこと，やりやすかったことは何でしょう？　難しいこと，わかり

にくいことは何でしょうか？

- 「コンパッションの自己」のエクササイズで，役立っていること，やりやすかったことは何ですか？　難しいこと，わかりにくいことは何でしょうか？

セッション 4 のホームワーク

▶「マインドフルネス呼吸法」か，「コンパッションの自己」のどちらかのエクササイズを，毎日少なくとも 5 分間行いましょう。1 週間のうち最低 2 回ずつは必ず行うようにしてください（毎日同じエクササイズばかりを行わないこと）。

▶エクササイズの記録をコンパッション実践記録表に記入します。

▶スージング・リズム・ブリージングを少なくとも 1 日 2 回，1 回につき 30 秒間行います（ヒント：列に並んでいるとき，待ち時間，その他さまざまな場面で行うことができます）。

コンパッション実践記録表

曜日	実践したエクササイズ，実践した時間	気づいたこと，役立ったこと
月曜日		
火曜日		
水曜日		
木曜日		
金曜日		
土曜日		
日曜日		

セッション5

怒り反応を理解する

　前回は，怒りとは自分自身を守るために進化した脅威反応だという話をしましたね。そして怒りを感じるということ，つまり怒りが身体の中でどのように感じられるかということについて少し学びました。しかし多くの場合，わたしたちにとって問題なのは怒りを感じることではありません。

　実は，問題をつくりだすのは，怒りを感じたときに陥りがちな思考であり（それが怒りの炎を煽り，燃やし続ける），怒りを感じたときに取りがちな**行動**（振る舞いが事態を**悪化させる**）なのです。

怒りには，過去に学習された思考と行動がかかわっています。

- 人は，どんなときに怒るべきか，怒ったときにどんな行動を取るべきかを**学習してきています。**
  - 成長するなかで他者から（例：父親が怒鳴るところを見て）
  - 自分が怒りをあらわすとどうなるかを見て（例：人から放っておかれた）

- 他者を観察し，他者とのやりとりを通じて，怒りについて学習したことが役立つこともあれば，役立たないこともあります。学習されたことが，その後の反応の仕方を形成します。たいていは，**自覚することはありません。**

- 脅威を感じたときに怒りを引き起こすような脳がほしいと自分で選んだわけではないのと同じように，怒りがこみ上げてきたときにどのように考え，行動するのかについて学習したことの多くも，自分で選んだわけではありません。**わたしたちのせいではないのです。**

- ですが，怒りの対処法を過去に学習したように，いまのわたしたちは自分の怒りについて責任をもって対処を決めることができます。古いやり方があまりうまくいかなかったことに気づけば，怒りに対処する新しいやり方を身につけることを意図的に選ぶことができるのです。それこそが，このグループ・プログラムの目的なのです！

| 話し合おう | 成長過程で怒りについて学習したこと |

どんなときに怒るべきだと思いますか？　どんな状況なら，怒るのがふさわしいでしょうか？

怒っているとき，どんな行動を取りますか？

怒っているとき，どんなふうに人とかかわりますか？

怒りが消えたあと，どう感じますか？

- **潜在記憶**を活性化させるできごとによって怒りが引き起こされることがあります。潜在記憶とは，過去体験に基づいてつくられた脳内のパターンです。これらの「記憶」は，自分がそれを思い出している意識なく再生されます。例えば次のようなものです。
  - ○ 人の身体は，自転車の乗り方やフリースローの投げ方を覚えています。
  - ○ 決まった曲を聴くと感情がわきあがります。
- 潜在記憶のせいで，いま感じている気持ちの一部が**エコー**――過去に蓄えられたパターンが再活性したもの――だということにわたしたちは往々にして気づきません。だから現状にそぐわないような，非常に強い感情反応をしてしまうことがあるのです。そして自分がどうしてそんなに腹を立てたのかもわかりません。それもまた，脳が一筋縄ではいかないところのひとつなのです！

まとめ：
怒りを理解するためのコンパッション・マインド・アプローチ

- 怒りは攻撃（闘争しろ！）と撤退（逃走しろ！）のふたつの戦略と結びついています。その戦略は，わたしたちの祖先が身体的，社会的脅威に対処するのに役立っていました。

- しかし，闘争／逃走の準備ができるようつくられた脅威システムは，現代の状況の大半にはまずあてはまりません。こうした状況で怒りの行動を取ることによって，問題が起こる可能性があります。

- そこにミスマッチが起きるのです。脳や身体は「闘争しろ！」，「逃走しろ！」と訴えかけてくるのですが，わたしたちの状況では，たいていどちらの反応も長期的にみて得策とはいえません。

- この非常に活発な脅威システムを備えたやっかいな脳がほしいと自分で選んだわけではありません。怒りを感じることを自分で選んだのではありません。わたしたちが（両親やほかの人々から）学習したことの多くは自分で選んだのではないのです。**わたしたちのせいではない**のです。

- しかし，わたしたちはそれが自分の責任だと常に感じているかもしれません。怒りにとらわれているという事実によって，自分がひどい人間だと感じてしまうのです。恥ずかしく思ったり，自分を繰り返し責めたりするかもしれません。この恥ずかしいという気持ちは何の役にも立ちません。むしろ怒りにうまく対処する妨げになってしまうかもしれません。

  ○ **考えましょう。**「怒り（または怒っているときに取った行動）のために，自分自身のことをどう考えるようになりましたか？」

- あるいはまた，わたしたちは怒りの感情や，怒りによる行動を正当

化しようとしたり，まるごと否認したりするかもしれません。こう
してしまうと，怒りに対処できず，自分の人生に責任をもって幸せ
なものにしていこうと努力できません。コンパッション・アプロー
チでは，自分に正直になり，その状況での自分の責任を認めます。

- ◦ **考えましょう。**「怒りによって生じた結果を見て見ぬふりを
  したり，相手のせいでそうなったのだと正当化したりするこ
  とがありますか？　あるいはそうした考えを頭から追い出し
  たりしたことがありますか？」

▪ 心がどう働くのかを理解すれば，自分を恥じる心を手放し，自分や
他人を責めるのをやめて，脳についての知識を活用して怒りを建設
的に扱うことができます。

 ## もし自分にとって何が必要かわからないなら

　これまでに話し合ったように，怒りは自分の身を守るために進化した
脅威に対する防御反応で，脅威を感じたり危険を感じたりしたときにこ
み上げてくることの多いものです。自分の怒りを見つめることは実に難
しく，痛みを伴います。というのも，大きな怒りを感じる理由のひとつ
は，育った環境がおよそ安全だとは感じられなかったためです。虐待を
受けた，トラウマを負った，あるいはしかるべき世話をしてもらえなかっ
たのかもしれません。わたしたちが怒りを使うように学習したのは，養
育者がわたしたちにそんなふうに接していたからかもしれません。ある
いは，ほかに方法がなく，自分の心を守ってくれる人がそこに誰もいな
いとき，安全のために他者を遠ざける方法として怒りを学習したのかも
しれません。自分を守る方法を身につける必要があって，怒るという方
法を見つけたのです。人生のいろんな場面で恥を数多く感じ，それを覆
い隠すために怒りを使うかもしれません。

　あなたがこのような経験をしたとすれば，この気づきは胸が張り裂けるようなことかもしれません。この胸の痛みに対して心を開くことができれば，自らの怒りを，助けを求める叫びとして理解できるかもしれません。切実に安全な場所を求めていた，わたしたちの中の傷つきやすい部分からの叫びとして。そうした傷つきやすい自己の部分が安心感を得られる方法について，これから学んでいこうと思います。脅威システムをなだめ，怒りにまかせた対処法を，それよりも効果的に自分自身を守るための取り組みに置き換えて，よりよい関係を築き，幸せな人生を送るための方法を学んでいきましょう。これは大変な作業です。でもわたしたちの心はあなたと共にあります。そしてこの作業に取り組もうとするあなたの勇気と，それに伴う多大な努力に敬意を表します。あなたはこの努力に見合う価値のある人です。コンパッションを受けるべき人なのです。

ホームワークの振り返り

- 「マインドフルネス呼吸法」のエクササイズの進み具合はどうですか？
  - 何か気づいたことはありますか？
  - 何が難しかったですか？
  - 何が気に入りましたか？

 ## ホームワーク：怒りをマインドフルに観察する方法を学ぶ

- マインドフルネス・エクササイズは考えや感情がわきあがってきたときに，それを観察する方法を身につけられるように考案されています。どんな行動をとろうか決めるときに，浮かんでくる思考や感

情に気づき，それを意識することができるので，それらに支配されずにすみます。

- 実践を重ねることによって，脅威反応が活性化したときに，それを非難したり，それにとらわれたりせずに，観察できるようになります。「ああ，脅威システムのお出ましだ。本気で怒りがこみ上げてきているぞ！」。

- このエクササイズを怒りに応用するひとつのやり方として，怒りのエピソードを観察する習慣を身につける方法があります。それによって，怒りが手に負えなくなる前に，怒りにより敏感に気づけるようになります。また，どういう脅威や状況に自分が腹を立てやすいのかを理解するのに役立つでしょう。誰でもそんな状況にはきっと腹が立つものですから。

怒りの観察記録表について説明します。

状況／トリガー（引き金）:

　何が起こったのか，怒りやイライラを引き起こした状況をかんたんに説明します。どんなことを脅威として感じたのでしょうか。前後の状況も書きこみましょう。（「遅刻していて，そのとき目の前にいた人が〜」）。たいてい，人はかなり一貫した「トリガー」によって怒ります。自分にとって何がトリガーとなるのかを知っておくことが大切です。どんな状況で脅威を感じやすく，怒りやすいのかを理解しておくことで，実際その状況に直面したときに，もっとうまく対処できるようになります。

▶記入のポイント

感情:

　その状況についてどう感じたでしょうか。怒りを感じるとき，ほかの感情も感じていることが多いものです。どんな感情だったかを特定してください（怒り，苛立ち，激怒，拒絶，情けなさ，恥，恐怖，悲しみ，興奮など）。

思考： 　自分自身にどんなことを言い聞かせたでしょうか。(例：「あんなひどい態度を取るなんて許せない！」,「あの人はたぶん急いでいただけなんだ」など)。思考と怒りのレベルは釣り合っていましたか？　その思考によって怒りはさらに強くなったのでしょうか。それとも怒りはおさまったのでしょうか。
行動： 　何をしましたか？　どんな行動を取りましたか？
コンパッションの自己はどんなことを言ってくれるだろうか？： 　「コンパッションの自己」のエクササイズを思い出してください。そのときあらわれた, 賢く, コンパッションに満ちた自己は, この状況にどんなふうに取り組むでしょうか？
コンパッションの自己なら, どんなふうに発言／行動するだろうか？ 　あなたのコンパッションの自己は, この状況でどのように振る舞うでしょうか？
結果： 　それはどんな結果になりましたか？　この状況で何が役立ちましたか？　うまくいったのはどんな行動でしたか？　その状況にできる限り最善の方法で対処しようとするのを妨げたものは何ですか？

　練習のためにひとつ記入してみましょう。この1週間のうちで腹が立ったときのことを思い出してみてください。(次のページの観察記録表に記入してください)。

怒りの観察記録表

　このホームワークの目的は，怒りを引き起こしやすい状況と自分の反応パターンをよく知り，コンパッションに満ちた代替案をつくることです。今週，苛立ち，怒り，激怒を感じたときのことをひとつ選んでください。

状況／トリガー
感情
思考
行動（何をしたか）
コンパッションの自己はどんなことを言ってくれるだろうか？
コンパッションの自己なら，どんなふうに発言／行動するだろうか？
結果

セッション 5 のホームワーク

▶ 毎日,「マインドフルネス呼吸法」のエクササイズか「コンパッショ
ンの自己」のエクササイズのどちらかを,少なくとも 1 回につき 5
分間行います。1 週間のうちそれぞれ 2 回以上は行うようにしてく
ださい(同じエクササイズばかり毎日行わないこと)。

▶ エクササイズの記録をコンパッション実践記録表に記入します。

▶ スージング・リズム・ブリージング・エクササイズを少なくとも 1
日 2 回,1 回につき 30 秒間行います(ヒント:列に並んでいるとき,
何かの待ち時間,その他さまざまな場面で行うことができます)。

▶ 怒りの観察記録表を,これから 1 週間のうちに感じた怒り,苛立ち,
不満などのひとつに関して記入します。

コンパッション実践記録表

曜日	実践したエクササイズ，実践した時間	気づいたこと，役立ったこと
月曜日		
火曜日		
水曜日		
木曜日		
金曜日		
土曜日		
日曜日		

怒りの観察記録表

　このホームワークの目的は，怒りを引き起こしやすい状況と自分の反応パターンをよく知り，コンパッションに満ちた代替案をつくることです。今週，苛立ち，怒り，激怒を感じたときのことをひとつ選んでください。

状況／トリガー
感情
思考
行動（何をしたか）
コンパッションの自己はどんなことを言ってくれるだろうか？
コンパッションの自己なら，どんなふうに発言／行動するだろうか？
結果

セッション **6**

怒り，感情，注意

　この数週間で，怒りや恐怖のような感情が自分を守るために進化した脅威反応であることを学びました。今回は，そういった脅威反応と，それが人にどのように影響を及ぼすかについて学びます。

　怒りや苛立ちを感じるような状況に共通することが多いテーマには次のようなものがあります。

- 「軽く扱われたと感じたときに腹が立ちます」
- 「前もって計画したのに，思った通りにいかないと，腹が立ちます」

みなさんはどんなときに腹が立ちますか？

怒りを感じる場面で，ほかに次のような感情もまたよくあらわれます。

- 恐怖
- いろんなことが気になって不安になる
- 困惑

◦恥
◦脆弱さ（傷つきやすく弱くなったような気持ち）

ときには，過去を思い出させるような状況で怒りを感じます。

◦自分を傷つけた人
◦失敗した，「自分はダメだ」と感じたとき

恐怖や困惑，恥の代わりに怒りを感じるようになったのかもしれません。怒りのような感情だったら感じてもいい，あらわしてもいい，でも恐怖や悲しみ，脆さを感じたり人に見せたりしてはいけないと子どものころに学んだのかもしれません。

話し合おう

自分の怒りと同時に（あるいは怒りの陰に），ほかにどのような感情がありそうでしょうか？
どんな感情なら感じてもいい，あらわしてもいいと感じますか？

> 感じてはいけない, あらわしてはいけないと思うような感情はありませんか?

　怒りはまた, 注意の仕方, 考え方にも影響を及ぼします。怒りは人を守るために発達したため, 怒りのような脅威反応は注意を何に向けるかを非常にうまく支配します。ですから, 例えば腹を立てると知らないうちに次のような反応をします。

- それが何であれ, 怒りの原因になったものに注意が集中しがちです (例えば, 自分に失礼な話し方をする人など)。
- 怒りに駆り立てられた思考となり, またその思考が怒りの炎に油を注ぐ傾向があります。(「わたしのことをどうでもいいと思っているから, あんなことをするんだ!」)。

　人の脳はやっかいです! 　自分に起こったことをどう考えるか, また怒ったときの注意を向ける先によって, 自分で怒りに油を注ぐことができるのです。実際に, 人の脳はそういうことをしがちです。それが「負のスパイラル」と呼ばれるものをつくりだし, それに陥ると, 怒りがさらなる怒りをつくりだすのです。

　すばらしいことに, 人は自分の脳に働きかけて「**正のスパイラル**」をつくりだすことができます (コンパッションの出番です!)。脅威反応に燃料を注いで悪循環を続けさせるのではなく, 自分は安全だと感じさせ, コンパッションのような感情を育むことができます。コンパッションは, スージング・システムを活性化して, 脅威システムを落ち着かせ

ることができるのです。

異なる感情を探求する

　ここでは，怒りの背後にあるほかの感情を知るためのエクササイズを行いましょう。

　はじめに，紙とペンを用意します。紙の縦と横のそれぞれ中央に線を引いて4分割します。4つのマス目にタイトルを書きます。まずは左上のマスから「怒りの自己」，「不安の自己」，「悲しみの自己」，「コンパッションの自己」と，順に書き込んでいきましょう。

- なかなか解決できない悩みはありませんでしたか。最近そのために気持ちがイライラしていたような状況です。
- あなたの怒り——「怒りの自己」はその状況をどのように見ているのでしょうか？　怒りを感じたとき，普段のあなたはどんなふうに考えがちなのか，少しの間考えてみてください。不公平だ，はねつけられた，拒絶された，「みんなわたしのことなんてどうでもいいんだ」，「こんなことをして，ただで済むわけはない」，「思い知らせてやる」など。左上のマスに，怒ったときの考えを書いてみましょう。
- 思考が書けたら次は，怒るとどんな感じがするのか考えてみましょう。身体のどの部分で怒りを感じますか？　動いているように感じられますか？　怒りが高まったときはどんなふうに感じるでしょう？
- では，怒りを感じたとき，どんな行動を取りたいという衝動がわいてくるのか考えてみましょう。もし怒りに完全に支配されてしまったとしたら，どんな行動になってしまうでしょうか？　脅威システムがどんなふうに行動をコントロールしようとしているのか，気づ

きましょう。

- ・考えてみましょう。その怒りが**本当に求めているもの**は何なので
しょう？　怒りの気持ちの奥底には，事態がどうなってほしいとい
う願いが潜んでいるでしょうか？

　ここでの目的は，あなたの怒りシステム，「怒りの自己」に伴う主な
思考，身体感覚，行動の欲求について内省し，それに気づくことにあり
ます。

　今度は，「不安の自己」について，そのマス目に，怒りと同じエクサ
サイズを繰り返していきましょう。悩んでいる状況に対して感じている
不安あるいは心配について考えます。不安の自己は，どんなことを考え，
どんな身体感覚を感じ，どんな行動をしたがっていますか？　どんな結
果を求めているのでしょうか？

　「悲しみの自己」のマスでは，この状況に悲しさを覚えていないか探っ
ていきます。悲しみの自己は，どんなことを考え，どんな身体感覚を感
じ，どんな行動をしたがっていますか？　どんな結果を求めているので
しょうか？

　では最後に，4つ目のマス，「コンパッションの自己」に移りましょ
う。ゆっくり，深い呼吸を繰り返します。身体がゆっくりと落ち着いて
きます。深い呼吸を続けながら，優しく，賢く，自信をもっている，深
いコンパッションに満ちた自分を想像してください。穏やかな微笑みを
浮かべ，思いやりのある自信に満ちた声を想像してみましょう。準備が
整ったと感じたら，怒りを感じた場面について考えます。このとき，優
しく助けを差しだすコンパッションの自己としての思考に気持ちをしっ
かりと向けましょう。呼吸とともに心と身体をゆっくりと落ち着かせた
その感覚，そしてコンパッションの自己の身体の感じ，その姿勢や声の
トーンや表情がつながる感じに，気づきましょう。温かく，知恵を備え，
自信をもつコンパッションの自己があなたの中で大きくなっていくと，

身体はどんな感じがするでしょうか？　コンパッションの自己があなたをしっかりと包みこんだとき，あなたに何をしてほしいと願うでしょうか？　少し時間をかけて考えてみましょう。心の奥底でコンパッションの自己が求めているものは何なのでしょうか？

$\boxed{\text{エクササイズ}}$ 　感情の自己のもついろいろな側面を探求する

_____の自己

思考と想像：その感情を感じているとき，どんなことを考えますか？
どんなことを想像しましたか？

身体の感覚：その感情を感じているとき，身体はどんなふうに感じられますか？　例えば，痛みを感じますか？　ぎゅっと苦しくなる感じ，筋緊張，力が抜ける感じ，熱感など，どんな感じがしますか？

動機づけ：この「感情の自己」は何がしたいのでしょうか？　どんな行動をしたがるようにあなたを動機づけるのでしょう。

求められる結果：この感情の自己はどうなることを求めていますか？
どんな結果を求めていますか？

セッション 6 のホームワーク

▶ 毎日，「マインドフルネス呼吸法」のエクササイズか「コンパッション の自己」のエクササイズのどちらかを行いましょう。

▶ コンパッション実践記録表に，行った実践の記録をつけましょう。

▶ スージング・リズム・ブリージング・エクササイズを実践しましょ う。少なくとも 1 日に 2 回行い，1 回に 30 秒は続けること（ヒント： 列に並んでいるとき，何かの待ち時間など，いろんな場面でできま す）。

▶ これから 1 週間のあいだで，怒り，苛立ち，不満などを感じたとき のことをひとつ取りあげ，怒りの観察記録表に記入してください。

コンパッション実践記録表

曜日	実践したエクササイズ，実践した時間	気づいたこと，役立ったこと
月曜日		
火曜日		
水曜日		
木曜日		
金曜日		
土曜日		
日曜日		

怒りの観察記録表

　このホームワークの目的は，怒りを引き起こしやすい状況と自分の反応パターンをよく知り，コンパッションに満ちた代替案をつくることです。今週，苛立ち，怒り，激怒を感じたときのことをひとつ選んでください。

状況／トリガー
感情
思考
行動（何をしたか）
コンパッションの自己はどんなことを言ってくれるだろうか？
コンパッションの自己なら，どんなふうに発言／行動するだろうか？
結果

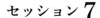

セッション **7**

やっかいなパターンを変える方法を学ぶ

やっかいな習慣と脳

- たいていの人は，怒ったときのパターンが習慣としてかなり固定化されています。わたしたちは物心ついて以来，そんな感情，思考，行動のパターンとともに生きてきました。
- 怒りのパターンは，自動的にわきおこり，コントロールできないもののように思えます。まるで一度入ったら二度と出られない軌道にはまりこんでしまったかのようになるのです。
- **これには理由があります！**
    - わたしたちが行動し，考え，感じ，認識し，人とかかわるとき，そのたびに脳の中では，細胞群が活性化し，ある一定のパターンをつくりだします。
    - この思考，感情，行動をつくりだす脳内のパターンは，ちょうど何度も歩いたところに道ができてしまうように，**おなじみのパターン**となってしまいます。

◦ **残念ながら**，一度定番となってしまったパターンは，ほぼ自動的にと言っていいくらい，かんたんに活性化されてしまいます。(森の中に道ができると，そこはほかのところよりも歩きやすくなります。雨が降れば雨水はどこを流れるでしょう？　道ができたところを流れますよね)。

◦ ただ**幸いなことに**，別のパターンを学習によって活性化し，**新しいパターンの反応を実践していけば**，それが強化されて，古いパターンは徐々に影を潜めていきます。(古い道を歩くのをやめて新しい道を歩くようにすれば，徐々に新しい道ができ，古い道は草に覆われていくのです。)

◦ 道ができるまで時間がかかるのと同じように，新しいパターンはすぐに身につくわけではありません。ですが，新しい方法を実践し続けるうちに新しいパターンがしだいに**身につき**，古いパターンはゆっくりと**消えて**いきます。そして，ついには自分で**選んだ**習慣が自分のものになるのです。

◦ コンパッション・フォーカスト・セラピーは，怒りを抑え，怒りがわきおこったときの行動を変えるためだけに行うのではありません。**新しい心のパターンをつくりあげ**，それを**身につける**ため，また時間をかけて強化するために行うのです。そうして**自分自身を変える**のです。優しさと自信をもち，安心を感じられる自分になるために。

エクササイズ　どんな人になりたいか

▶ あなたは，どんな人になりたいですか？　自分が死んで，大好きだった人たちがお葬式に来てくれたと想像してみてください。そして，あなたへの追悼の言葉を述べようとしています。その人たちは，あ

なたのことをどんな人だと言ってくれるでしょうか。「〇〇さんは，とても……」。

この文章を完成させる言葉を3つ考えてみてください。

「〇〇さんはとても……」

   1. _____

   2. _____

   3. _____

つぎに，どんな人になりたいかを具体的に書いてみてください。

　こんなことを考えるのは奇妙に感じられるかもしれません。自分を「怒りっぽい人間だ」と思っている人なら，なおさら複雑な気分になることでしょう。しかし，怒りはあなたそのものではありません。

- 怒りとは，あなたが体験しているものであり，あなた自身ではないのです。
- 水を思い浮かべてみてください。透明な純水です。そこに泥や油が混じったとしても，水は泥そのものではなく，油でもありません。泥が沈んでしまい，表面に浮いた油を除去すれば，ふたたび透明な純水に戻ります。心も透明な水だと考えることができます。怒りは，その水に混じった泥や油なのです。
- 怒りに対処するすべを学ぶのは，ある意味では「水を透明にする」

ようなものです。怒りや脅威システムに支配されることなく考え，感じ，行動できるようになれば，自分がなりたいと思う人になることができます。すると，考え方や行動に自分の真価が反映されるようになるのです。

- 「水を透明にする」には，脅威に基づく怒りが活性化したときそれに気づき，怒りに駆られて行動する代わりに，安全システムを作動させられるようになればいいのです。そのための方法のひとつがコンパッションです。

- そうすると感情のバランスを保ち，自分で選んだ行動を実際に取り入れられるようになります。怒りに振りまわされるのではなく。

　そこで，ここでもう少し，コンパッションについて深く学んでいきましょう。どうすればコンパッションを使ってスージング・システムを活性化できるのでしょうか。また，怒りが扱いやすくなるパターンを育てるにはどうすればいいのでしょうか。

　コンパッション・マインド・モデルでは，コンパッションは６つの特性に分けられます。この６つの特性に取り組むことで，コンパッションのパターンを脳の中につくりあげていきます。

1. **動機づけ**――自他に対して，その苦しみを和らげたい，より優しく建設的な方法でかかわりたいという動機づけを高めます。

    《例》

    ◦ 「自分の怒りのせいでさんざん苦しんできました。そろそろ何とかしたいです。今のような自分のままでいたくありません」

    ◦ 「彼女の怒りを和らげることはできないかもしれませんが，少なくとも，これ以上怒りがひどくなるようなことをしないようにしたいんです。いまの状況をよいほうに変えるために

何かしたいのです。これ以上悪くするわけにはいきません」

2. **敏感に感じとる**——自分や周囲の人の中にやっかいな感情や思考がわきおこりつつあるとき，それをあるがままに感じとる訓練をします。

　　《例》

　　◦「おっと，いま自分はいらついてきたな」

　　◦「あっ，この人，カチンときたみたい。その感覚，わたしにも覚えがあるからよくわかる」

3. **気持ちに寄り添う**——自分や周囲の人の苦しみを感じると，心が動かされます。その苦しみをやっかいなこととして否定するのではなく，どんなにつらいだろうかという気持ちで相手の心に寄り添います。

　　《例》

　　◦「怒っている僕を外から見ると感じ悪いだろうけど，自分でもちっとも楽しくない。それどころか，内心ではすごく傷ついている」

　　◦「怒ったり声を荒げたりしている人だって，それを楽しんでいるわけじゃない。僕と同じように傷ついているんだ」

4. **苦しみに耐える**——やっかいな感情を扱うためには，その感情に耐える方法を学ばなければなりません。感情を否認するのではなく，その感情をよく知り，受け入れ，体験する方法を学ぶのです。怒ったときの行動習慣を変えるとは，いつものやり方をしないときに起こるいやな気持ちを受け入れ，耐えることを意味します。これは，皮膚がかぶれたとき，かゆみに耐えるのと似ています。むずむずして不快ですが，掻きむしらないように我慢するのです。

掻きむしれば余計にひどくなることがわかっているからです。難しいですが，必ずできます。

《例》

○「ものすごくいやだ。わめきちらしたい（逃げだしたい）。でも，ちょっと待てよ。違う行動ができるかもしれない。これまでの人生でも，つらいことを我慢してきた。この気持ちにだって耐えられるはずだ」

○「つらい思いをしている人と一緒にいると，こっちまでつらくなってくる。だからといって，相手の苦痛のせいで，自分が腹を立てる必要はない。誰だって大変なときはある。この状況を落ち着かせるためにできることが何かないだろうか」

5．**共感する**——共感とは，自分や他者の感情と，どうしてそんな気持ちになっているのかに気づき，理解することです。他者の気持ちを理解することだと思われがちですが，自分自身の感情を理解するうえでも役立ちます！　自分の気持ちを，好奇心をもってあるがままに観察し，受け入れると，その気持ちを真に理解することができ，うまくつきあえるようになります。ところが，たいていの人は，自分自身の感情に気づき，名前（ラベル）をつけ，それについて話し合う方法を一度も学んだことがありません。

《例》

○「自分で気づいたけど，わたしは怒っているし，いらいらして，自分を情けなく思っている。わたしなんてどうでもいいと思われているように感じる。そうじゃなかったら，あの人たちはあんなことしないはずだ。だから，自分なんて何の価値もない人間なんだって気持ちにもなる」

○「この人，ずいぶんイライラしているな。どうしてそんな気持ちになってしまったのか，わかってあげられるだろうか」

6. **批判せず，判断しない**——自分の思考や感情に，いいか悪いか，正しいかまちがっているかというレッテルを貼らないようにする練習を行います。すると，自分の体験（そして他者の体験）の善悪や正誤を判断することなく観察できるようになります。感じたくないような感情は，進化の過程でつくられた脅威反応の一部であり，そう感じるのは自分のせいではないと気づけるようになります。これは誰にとってもそうなのです！

《例》

○「こんなふうに感じるのは当然だ。でも，これは心の中で起こっていること，脳の中で起こっているひとつの体験にすぎないもので，いいも悪いもないとわかっている。いまかなり激しく感じているけど，そのうちに消えていく」

○「この人がいま，こんなふうに感じ，こんな行動を取るのも，もっともだ。みんなやっかいな脅威システムを抱えている。わたしのしている行動がこの人に脅威を与えないようにしなくては」

 ときとして残酷な世界でコンパッションを育むとき，思い出すべきこと

しばらく前に話し合いましたが，コンパッションを育むのが怖いと感じる人もいます。

▪ コンパッションを育むと，弱い人間になってしまうのではないかと怖れる。

▪ コンパッションを育むと，他人にいいように利用されてしまうのではないかと怖れる。

▪ 心をひらいてやっかいな感情を受けとめたりしたら，きっと耐えられないんじゃないかと怖れる。

このような考え方は，コンパッションをうまく理解できていないために生じるものです。

▪ コンパッションには強さと勇気が必要です。自分と他者を助けるためのものです。
▪ コンパッションがあると，人は自他のために意見を主張し，擁護するために立ちあがります。誰かに利用されるままにはなりません。
▪ コンパッションによって，やっかいな感情に取り組むことができます。それによって，やっかいな感情が和らぎます。やっかいな感情がわきおこったとき，それに気づいて対処できるので，蓄積される（怒りの場合は爆発する）ことがなくなります。
▪ やっかいな感情に取り組むのは愉快なことではありませんが，必ずできます。コンパッションがその道をつくってくれるのです。

エクササイズ｜コンパッションによって，怒りは苦しみなのだと気づく

　コンパッションの根本には，次のような気づきがあります。**誰もがみな幸せになりたい，苦しみを避けたい**と願っていて，さらには誰もがみな本当に偶然の場所で生まれ育ち，自分でつくったわけでも選んだわけでもないやっかいな脳と感情を抱えているのだという気づきです。

　このエクササイズの目的は，脅威反応としての怒りをより深く理解することです。さらには，怒りは苦しみを生むだけで，力をつくりだすわけではないということも。そして，怒りにとらわれてしまう自他へのコンパッションを育みます。

▶ 静かなところでゆっくりと考えてみましょう。怒りにとらわれたとき，あなたはどんなふうになるでしょうか。

▶ そのとき，どんなふうに感じるでしょうか。

　　　◦ 幸せですか？　心地よいですか？

　　　◦ 安全だと感じていますか？

　　　◦ 人とのつながりを感じていますか？

　　　◦ 怒ったときの思考や行動は，なりたいと思う自分の姿と比べてどうでしょうか？

　　　◦ 怒りがもたらす結果は何でしょう。自分の人生にどんな影響を与えるのでしょうか。

- この怒りという不愉快な体験は，苦しみのひとつのかたちであり，あなただけではなく，あなたとかかわる人々にも影響を及ぼします。

- コンパッションに満ちた目で，怒っている自分を見つめてみましょう。「わたしは怒りに苦しんでいる。そんな思いをしなくてはならないなんて，つらいことだ」。しばらくそのまま，その気づきを心に留めましょう。

- この苦しみから解放してあげたいという動機を深めましょう。「この怒りから自分を解放してあげられたら，どんなに楽になるだろう。よし，きっとそうすると誓おう」という思いを，しっかりと**身体と心で感じ，自分の願いとして感じられるように**します。

- 周囲の人が怒りから声を荒げているところを想像してみましょう。「あんなふうにふるまうのは，どんなにか苦しいに違いない」。怒りは自分にとって苦しいものですが，周囲の人にとっても苦しいものなのです。

- その人を怒りの苦しみから解放してあげたいという動機づけをもった自分を**想像しましょう**。「幸せになってほしい。怒りから解放してあげたい」（まだこの動機を**自分のものとして感じ**られなくても

かまいません。もし**自分がほんとうにそう感じた**としたら，どんな感じだろうかと想像するだけでいいのです。)

セッション7のホームワーク

▶「マインドフルネス呼吸法」のエクササイズ，「コンパッションの自己」のエクササイズか，「コンパッションによって，怒りは苦しみなのだと気づく」エクササイズのうちどれかを，毎日行ってください。時間は1回あたり少なくとも5分です。この1週間で，3つのエクササイズをすべて行うようにしてください（毎日同じエクササイズばかり行わないようにしてください）。エクササイズの時間を1回あたり10〜15分まで延ばしてみたいとか，1日に2つ以上のエクササイズを行いたいと思うようになるかもしれません。ですが，自分にとって心地よいペースを維持するようにしてください。

▶エクササイズを行ったら，コンパッション実践記録表に書きこんでください。

▶スージング・リズム・ブリージング・エクササイズを1日に少なくとも2回行ってください。時間は1回あたり30秒以上です（列に並んでいるとき，何かの待ち時間，ちょっとしたすきま時間を利用してもよいですね）。

▶これから1週間のあいだに，怒り，苛立ち，欲求不満を感じた経験のうちひとつについて，怒りの観察記録表をつけましょう。

コンパッション実践記録表

曜日	実践したエクササイズ，実践した時間	気づいたこと，役立ったこと
月曜日		
火曜日		
水曜日		
木曜日		
金曜日		
土曜日		
日曜日		

怒りの観察記録表

　このホームワークの目的は，怒りを引き起こしやすい状況と自分の反応パターンをよく知り，コンパッションに満ちた代替案をつくることです。今週，苛立ち，怒り，激怒を感じたときのことをひとつ選んでください。

状況／トリガー
感情
思考
行動（何をしたか）
コンパッションの自己はどんなことを言ってくれるだろうか？
コンパッションの自己なら，どんなふうに発言／行動するだろうか？
結果

セッション **8**

怒りのクセに取り組む RAGE モデル

コンパッションのスキルを使って，いよいよ正面から怒りに取り組み，怒りの習慣的パターンを変えていきましょう。ご存知のとおり，怒りに駆られた行動は，強力な脅威システムが活性化することによって起こります。しかもそのパターンは脳内で使い慣れた馴染みのものになっているので，これを変えるにはかなりの訓練と忍耐が必要です。

怒りのパターンを変えつつ，新たなパターンを育てる手順をまとめたものを，各手順の頭文字をとって RAGE と呼んでいます。

【R】

- **Recognize（気づく）**──怒りがわきやすい状況や，怒りがわいてくる感覚に気づく。
- **Reduce（覚醒を下げる）**──スージング・エクササイズをして身体の覚醒を鎮める。
- **Refrain（抑える）**──怒りを感じたときのいつもの行動パターンを抑える。

【A】

- Acknowledge（認識する）――いまこの瞬間に脅威システムが活性化していると認識する。

- Accept と Endure（受け入れ，耐える。ここは E も）――脅威システムがオンになっているときのいやな気持ち，いつものパターンとなっている行動を抑えるときのいやな気持ちを受け入れ，耐える。

- Access（アクセスする）――優しく，賢く，自信にあふれたコンパッション・マインドにアクセスし，コンパッションの自分となって状況を見る。

【G】

- Generate（つくりだす）――コンパッションに満ちた代わりの選択肢をつくりだす。状況によって，いくつもの違った思考や行動が選択肢として考えられる。

- Give（ありのままに感じる）――自分の中で起こるすべてをありのままに体験し，判断することなく，ただ感じる。脅威システムに支配されて行動を起こすのではなく，ただそのシステムの働きを観察する。実践を重ねることによって，だんだんコンパッションに満ちた反応を取れるようになる。

【E】

- Enact（実演する・実行に移す）――コンパッションの代替案を実行に移す。コンパッションの自己の視点から状況を見て，その状況にどう反応するか決断し，行動に移す。

- Establish（新しいパターンを構築する）――脳内に新しいパターンを構築する。怒りにまかせた行動を抑え，コンパッションによってつくられた別の選択肢を選ぶたびに，脳内に新しいパターンがつくられていく。その選択が，未来の自分の反応を形成する。

- **Experience（新しい自分を体験する）**──コンパッションに満ち
た自分を体験する。脅威システムではなく，コンパッション・マイ
ンドに従って行動する自分を観察することで，新しいやり方で，つ
まりコンパッションに満ちた人となって，自分に接することができ
るようになる。

　古い怒りのパターンと入れ替えることのできる反応は数えきれないほ
どあります。大切なのは，どんな行動を取るにせよ，優しい，コンパッ
ションに満ちた意図に導かれた行動を取り，脅威システムが活性化した
自分や他者を助けることです。
　どんなふうにそれを行うかというと，**新たなコンパッションの心のパ
ターンを育むことが基盤**となります。
　脅威システムと怒りは，さまざまなやり方で脳をある一定の方向に向
けます。

　　　◦注意（何に気づき，何に注意を向けるか）
　　　◦思考（何について考え，どんなセルフトークを行うか）
　　　◦行動（どんなことをして，どのように他者と接するか）
　　　◦感情（感情と動機）

　自動的に起こる脅威反応に何もかも支配されてしまうのではなく，以
下のことに取り組み，高めていくことができます。

- **コンパッションの注意**──脅威システムに振りまわされることな
く，自分の感情体験に気づき，（役に立つことに）注意を向けるこ
とを選べるようにする。
- **コンパッションの思考**──怒りや脅威の感覚にさらなる燃料を与え
るのではなく，バランスをもたらすような建設的なやり方で状況に

ついて考える。

- **コンパッションの行動**——問題に正面から取り組み，効果的な行動を取るが，怒りに駆られた行動のように自分や他者を傷つけるようなことはしない。自他ともにより幸せになれる行動をする。
- **コンパッションの感情**——コンパッションの感情を育む。苦しんでいる自分や相手の気持ちに心を寄せて共鳴し，その苦しみから解放してあげたいという願いをもつ。

さまざまな形がありますが，ひとつの共通点があります。

自分や他者を助けたいという優しい願いと，わたしたちみながただ幸せでありたい，苦しみたくないのだという気づきによって，動機づけられていることです。

今回は R に注目します。R とはすなわち，コンパッションの行動と注意を用いて，**怒りがわきやすい状況や怒りがわいてくる感覚に気づき**（Recognize），**覚醒を抑え**（Reduce），**怒りに駆られた習慣的な行動を抑制すること**（Refrain）です。

ここまでに，トリガーに気づきやすくなるエクササイズをいくつか実践してきました。脅威システムが発動し，怒りや苛立ちがわきあがる状況に気づくエクササイズです。マインドフルネスのエクササイズによっても，前より思考や感情が心に浮かんだときに気づけるようになったのではないかと思います。これこそが気づきの役割です。それによって，「いまが正念場だ」と気づき，怒りのパターンを変える好機になるのです。

コンパッションの思考とコンパッションの行動によって，このような状況に陥ったときにどう対処すればよいか，事前に考えておくことができます。まず，脅威システムが完全に活性化してしまう前に，何が起こっているのか**気づける**ようにしておきましょう。そうすれば，よりうまく行動できます。

| エクササイズ | 怒りやすい状況をリストアップしてみよう |

これまでグループで話し合ってきたことをもとに，怒りに駆られやすく，
脅威システムが作用しやすい状況をリストにしてみましょう。
例）「急いでいるのに，前の人がのろのろしている」

1. _____

2. _____

3. _____

4. _____

5. _____

6. _____

7. _____

　怒りのサイクルが始まったことに気づいてしまえば，「**コンパッショ
ンの注意**」のエクササイズを使って，怒り始めた自分を観察し，その状
況でのやっかいな感情に対処することができます。

　まず，「コンパッションの注意」のエクササイズを使って，怒りをさ
らにかきたてる身体の**覚醒を鎮め**ます。

- 自分を落ち着かせるような方向へと注意を向けることによって，覚
  醒レベルを下げます。例えばスージング・リズム・ブリージングを

行います。

では，やってみましょう。

| エクササイズ | コンパッションの注意 |

- ▶怒りや苛立ちを感じやすい状況を思い起こしてみます。このプログラムの場以外の，日々の生活で起こりうる状況を選んでください。
- ▶その状況に注意を向けながらも，身体に起きる感覚に注意を向けます。
- ▶呼吸に注意を向けて，**スージング・リズム・ブリージング・エクササイズ**を行います。口から息を吸い，鼻から出して，自分にとって落ち着くリズムで行います。ポイントは身体と心（脳）をゆっくりとスローダウンさせることです。3つ数えながら息を吸い，息をとめて3つ，そして息を吐きながら3つ数えます。
- ▶ときどき，感情，思考，身体感覚に注意を戻してみましょう。感情や思考に気づいたら，「ああ，いまこんなことを感じている」と捉え，スージング・リズム・ブリージングに注意を戻します。
- ▶「安心できる場所（スージング・スペース）」のエクササイズや「コンパッションの自己」のエクササイズなど，ほかの心身を落ち着けるエクササイズを使ってもかまいません。大切なのは，感情のバランスを整えて，**脅威を感じる「赤い円」の状態から，安全と安心を感じる「緑の円」へ移行する**ことです。自分がいちばん落ち着き，安心できるエクササイズを行います。

最後のRはRefrain（抑える）で，怒りに駆られたときのいつもの行動を抑えることです。これはとても重要です。なぜならいつもの行動を

抑えて別の行動を取るたびに，脳にとってなじみの怒りのパターンが次第に弱まり，代わりにもっと建設的なパターンが強化されるからです。

- **いつもの行動パターンを抑えるのは難しいことです。**なにしろ，脳は習慣となったやり方で反応することに慣れきっています。その反応はほとんど自動的に発動してしまいます（わたしたちのせいではないのです！）。
- このために，いつもの行動を抑えようとすると**いやな気持ちになりますが**，抑えられるようになるために必要なのは，そのいやな気持ち**を受け入れ，それに耐える**ことです。
- 受け入れ，耐えるための方法については次のセッションで扱いますが，ひとつのやり方としては，コンパッションの注意を一時的に自分自身に向ける方法があります。どこか心穏やかになれる場所を想像する（次のエクササイズ参照），「コンパッションの自己」のエクササイズをする，そのほかの心が落ちつく方法を考えるのもよいでしょう。
- これは困難から逃げるために行うのではなく，感情のバランスを整えるための戦略です。そうすることで脅威システムにのっとられることなく自分を取り戻し，うまく対処することができるのです。

| エクササイズ | 安心できる場所（スージング・スペース）をつくる |

このイメージを使ったエクササイズでは，安心感につつまれ，穏やかな気持ちになれる空間を心の中につくります。怒りを感じたり，落ちこんだり，悩んだりしているときは，安心感や穏やかな気持ちが生まれにくいものです。でも，とりあえず挑戦するという行為，自分がいたい場所にいるという感覚がとても重要なものとなります。心に留めおいてほ

しいのは，エクササイズを実践するという行為そのものが重要だということです。安心感や穏やかな気持ちは，そのあとからついてくるかもしれません。

　心地よく，安全で，心からゆったりリラックスできる場所をイメージしてみてください。それは，そよ風に木の葉が優しく揺れる，美しい森かもしれません。何本ものまぶしい光の柱が地面を白く染めています。優しく頬をなでる風や，目の前できらきらと輝く光。木の葉のざわめきに耳を傾けましょう。木々のかおりや，甘い空気を吸い込みます。あるいは，青く澄んだ海がずっと遠くまで続いて，淡く青い空と水平線で融合する美しい浜辺が思い浮かぶでしょうか。白い，さらさらとした絹のようにやわらかな砂を足の裏に感じます。砂浜にうち寄せる波の音が聞こえてきます。太陽を浴びて，水面でダイヤモンドのようにきらめく光を感じます。爪先が砂浜にもぐり，そのやわらかさを感じながら，そよ風に抱かれます。あるいは，あなたの安全な場所は炎のはぜる音と煙の香りが漂う，温かな炉辺かもしれません。さまざまな場所を例にあげましたが，大切なのは，自分がほっと安心したときの感覚をつくることです。先ほどお伝えしたものはあくまで例であって，あなたが安心できる場所はまったく違うかもしれません。安心できて，ゆったりと居心地がよく，自分がありのままに尊重される感じに注意を向けてみましょう。

　五感に注意を向け，どんなものが見えるか，何が聞こえるか，どんな感覚があるかを想像すると，うまくいきます。安心できる場所を心に描くと，身体もリラックスします。顔の表情も忘れないでください。心から安心できる場所にいるときの喜びに満ちた，穏やかな微笑みを浮かべましょう。

　ここはあなただけの安心できる場所ですから，**場所そのものが（あなたが望めば，そこにいるほかの存在も）あなたの存在を喜んでいる**と想像しましょう。安心できる場所があなたをどんなに大切に思っているか，あなたの存在を嬉しく思っているかを感じてみてください。あなたが存

在している，だからその場所は幸せなのだと想像するとき，どんな気持
ちがするでしょうか。

```
セッション 8 のホームワーク
```

▶ 毎日，一度につき最低 5 分，「マインドフルネス呼吸法」か，「コンパッ
　ションの自己」か，「安心できる場所（スージング・スペース）」の
　エクササイズを行いましょう。週に最低 2 種類のエクササイズを行
　います(毎回同じエクササイズばかりするのは避けましょう)。もっ
　と長くエクササイズを実施したいときは，10 〜 15 分でもかまいま
　せん。くれぐれも無理のないペースで行いましょう。

▶ 実施したエクササイズをコンパッション実践記録表に記入しましょ
　う。また週に一度，怒りの観察記録表も記入しましょう。

▶ 1 日に最低 2 回，1 回 30 秒以上，スージング・リズム・ブリージング・
　エクササイズを行いましょう。

コンパッション実践記録表

曜日	実践したエクササイズ, 実践した時間	気づいたこと,役立ったこと
月曜日		
火曜日		
水曜日		
木曜日		
金曜日		
土曜日		
日曜日		

怒りの観察記録表

　このホームワークの目的は，怒りを引き起こしやすい状況と自分の反応パターンをよく知り，コンパッションに満ちた代替案をつくることです。今週，苛立ち，怒り，激怒を感じたときのことをひとつ選んでください。

状況／トリガー
感情
思考
行動（何をしたか）
コンパッションの自己はどんなことを言ってくれるだろうか？
コンパッションの自己なら，どんなふうに発言／行動するだろうか？
結果

セッション **9**

受け入れ，耐える

先週，わたしたちは RAGE モデルを学び，そのうちの R 群について話し合いました。R とは，気づくこと，怒りによる覚醒状態を減らすこと，怒りに駆られた行動を抑えること，でした。今日は A 群について一緒にみていきましょう。

- 脅威システムが**活性化されたことに気づく**（Acknowledge）こと
- 脅威システムの活性化のために生じる不快感や，習慣的な反応を抑えようとして生じる不快感を**受け入れ**（Accept），**耐える**（Endure）こと
- 賢く，自信に満ちたコンパッションの自己に**アクセスする**（Access）こと

1. **気づく**（Acknowledge）——いったん脅威システムのスイッチが入ったと気づいたら，つまり自分が怒り始めたと気づいたら，コンパッションの思考を使って，その怒りに建設的なやり方でかかわることが大切です。このとき役立つ思考を以下に述べます。

この思考を使って，この状況においてコンパッションをこめて
「コーチ」してくれるような思考です。

　　◦脅威システム（怒り）の活性化に，判断することなく，気づ
　　　く。「おっと，脅威システムが動き出した！」

　　◦怒りについて学んだことを思い出す。「こんなふうに感じ
　　　るのも無理はない。この脳の脅威システムはとても繊細です
　　　ぐに反応するんだ。この状況がただ，そういう脅威システム
　　　がオンになるようなものだってこと。それはわたしのせいで
　　　はないけれど，この気持ちになったからといって後悔するよ
　　　うな行動を取らないようにしなくちゃ」

　　◦不愉快な状況ではあるが，この不快感は一時的なものであり，
　　　これに耐えて対処することができると気づく。「こんなふ
　　　うに感じるのはいやなもの。でもこの気持ちがじきに消える
　　　こともわかっている。この先ずっとこんな気持ちでいるはず
　　　はないし，この脅威システムの炎に油を注ぐことなく，かわ
　　　りに自分を落ち着かせるためにできることはいろいろある。
　　　永遠に続く感情なんてないのだから」

２．受け入れる（Accept）

▪ **脅威の感情による不快感を受け入れる。**

　　◦怒りや不快感は，たいていは「こうなるはずじゃなかった」
　　　とか，自分のいまのいやな状況は理不尽なものだとか，自分
　　　はどこかおかしいのではないかという思考のせいで，ますま
　　　す悪化します。

　　◦ここまで学んできて，脅威のシステムがどのように働くのか
　　　わかっていますよね。つまり，わたしたちはこれらの感情が
　　　人生のほんのひとコマにすぎないということを知っていま
　　　す。とても不愉快だけど，でもべつに「理不尽」というわけ

ではないこと（たまには誰でもそう感じますが）。そして当然ながら，自分がどこかおかしいという証でもない，ということも（実のところこれらの感情は，自分を守るためにちゃんとシステムが働いていますよ，というサインなのです）。

○ ですから，目指すべきは，これを人生の一部として受け入れ，それを忘れずにいること。そしてできる限りうまくいやな気持ちに取り組んでいくことなのです。

▪ **いつもの行動を抑えるときの不快感を受け入れる**

○ 怒りそのものの不快感に加え，怒りに駆られて習慣的にとってしまう反応を抑え込んだとき，それによって生じる不快感もあります。

○ 覚えておいてほしいのは，こうした習慣は脳の中で何度も繰り返されたパターンであるということです。わたしたちの脳は，こうだというやり方で反応するよう訓練されています。脳はすっかりそれに慣れてしまっていて，前々からある習慣的なやり方で反応したがっているかのようです。脳にとっては「もっとも抵抗の少ない道」というわけです。

○ だからこそ，こうした習慣を抑えこむと不快感が生まれるのです。かゆい所がかけないとか，タバコが吸いたいけど我慢するとか，そんな感じに似ているかもしれません。

○ 実は，この不快感の正体は，本当に身につけるべき習慣づくりに取り組んでいる，というシグナルです。「これは正念場だ」というサインとして見ることができます。古いパターンに従いそうになる自分をこらえ，新しいパターンをつくりだすことによって，真の変化を生みだす瞬間なのです。

○ この不快感を客観的に観察し，それは自分のパターンを変えるときに起こる自然なものだと受け入れることができます。古いパターンから新しいパターンへとバランスが移り変わる

につれ，この不快感は和らいでいくということもわかっています。

○ なぜこんなことをしているのか，その理由を自分に言い聞かせましょう。きちんとした理由があって，この不快感を味わう道を自ら選んでいます。たとえば筋トレにはつらい思いがつきものですよね。でも丈夫で健康になりたいなら我慢できるもの。かぶれた皮膚を掻かずにいると，イライラしますが，掻けばもっとひどいことになるとわかっているから，耐えられます。怒りに対する反応を変えたい理由を繰り返し自分に言い聞かせましょう。こんな人になりたい，という人物像を繰り返し思い描きましょう。

3．変化するときの不快感に耐える（Endure）

これまで，さまざまなタイプの不快感に耐える方法をいくつか学んできました。

- スージング・リズム・ブリージング
  ○ 呼吸に注意を向け，心が穏やかになるリズムで呼吸を繰り返します。腹部の上がり下がりに注意を向けます。
- 「安心できる場所（スージング・スペース）」のエクササイズ
  ○ 心から安心できて，幸せで，心地よいと思える場所を心に思い描いてください。いま感じている怒りは一時的なものであり，いつだって必要なときにはこの安全な場所を心に呼び起こすことができると気づきます。
- 「コンパッションの自己」のエクササイズ
  ○ 賢く，コンパッションと自信に満ちた自己を呼び出しましょう。コンパッションの自己なら，どうやってこの不快感に対処するでしょうか？　ほかの誰かが同じ気持ちのとき，どんなアドバイスをするでしょうか？（これについてはのちほど

じっくり取り組んでいきます)。

4. コンパッションの自己の特性（優しく, 賢く, 自信に満ちている）
   に**アクセスする**（Access）

▪ 怒りの脅威システムに乗っ取られ始めたと気づいたときこそ, コン
パッションの自己になり, その目で状況を見る最適のタイミングで
す。

▪ まずはスージング・リズム・ブリージングを30秒間行います。コ
ンパッションの自己の特性を思い出しましょう。自分自身や他人を
助けようとする心優しい動機, 何かに取り組むとき, 過去の経験や
理解を利用しようとする知恵, どんな状況でも対処できるという自
信をもつコンパッションの自分です。

▪ これから取り組むエクササイズは,コンパッションの思考を使って,
怒りの炎に油を注ぐ思考に対処するものです。

■ メンタライジング

　メンタライジングとは, 人が感じ行動したときの心的原因を考えるこ
とです。怒りの裏にある思考, 解釈, 動機を考えます。確実に怒りを引
き起こしてしまう自分から, 好奇心をもって優しくものごとをとらえる
コンパッションの自己へと交代すると, 心身がゆっくりと落ち着き, 怒
りの裏にある思考や感情をしっかりと捉えることができます。自分の
取った反応について, 自分や相手を恥じたり責めたりする代わりに, 内
なる体験に意識を向けられるよう, コンパッションの自己がさまざまな
問いを投げかけてくれます。

▪ 「わたしはこの状況をどう解釈しているのだろう？　わたしにとっ

てどんな意味があると考えているのだろう？　わたしのこれからに
どんな意味をもつだろう？　ほかの人にどう思われているという意
味になるだろうか？」

- 「わたしがこの状況に脅威を感じているというのは，どんな意味が
あるのだろう？」
- 「ちょうどいま，自分の中にわきあがっている感情は何だろう？」
- 「ほかに気づいていない感情はあるだろうか？」
- 「わたしが怒りのままに行動しなかった場合，どうなることをいち
ばん恐れているのだろうか？　怒りのままに**行動した**場合，どうな
ることをもっとも恐れているのだろうか？」
- 「怒りに操られた自分の中には，どんな動機や欲求があるのだろう?」
- 「安全だと感じるためには何が必要だろう？　何があれば脅威が減
るように感じられるだろうか？」
- 怒りの裏にある思考，動機，恐怖は何だろう？　どんな心の活動が
怒りの炎に油を注ぐのか探り当てるところから始めてみよう。

 ## コンパッションの自己は何と言っているのか？
怒りの思考とコンパッションの思考

- 怒りや脅威に駆り立てられた思考からコンパッションの思考へと入
れ替えるために，できることがあります。どんなタイプの思考が怒
りをかきたてるのかに気づき，コンパッションに満ちた代替案をつ
くるのです。怒りの思考とコンパッションの思考を比べてみましょう。

怒りの思考	コンパッションの思考
注意の範囲が狭くなり，脅威や怒りの対象に集中する	視野が広く，多くの要因を考慮して状況を理解する
融通がきかない，反すう	柔軟に考えられる，解決志向
脅威システムを活性化させ，怒りを増幅させる	安全システムを活性化させる心地よく，落ち着けるようにする
他人や自分自身に敵意を向ける	他人や自分自身に優しさを向ける
判断し，批判する	非難しない，共感する
上に立とうとする，罰を与えようとする	自分自身や他人を助けることに意識が向く，すべての人にとってプラスになり，誰も傷つけることのない解決法を探す

　怒りの思考ではなく，コンパッションに満ちた代替案を考えるにあたり，あなたの怒りを引き起こしたできごとについてじっくり考えてみましょう。そして改めて自分自身に問いかけてみましょう。

- もしわたしがストレスや怒りを感じていなかったら，この状況をどう見るだろう？
- 中立的な視点から物事を見られる心優しい人がそばにいたら，その人はこのできごとをどう見て，わたしがこの状況全体について考えるのをどう手助けしてくれるだろう？
- もしわたしが心穏やかで冷静だったら，本当はこの状況をどんなふうにとらえたいと思うだろうか？
- 3か月後，わたしはこのできごとをどう見るだろうか？　そもそも

このことを覚えているだろうか?

- コンパッションの自己の観点から見たときに，もし大切な友人が同じ状況にあるなら，どう声をかけているだろう？　友人がわたしに支えられていると感じられるようにするには，どんな手助けをしたらいいだろう？

| エクサ サイズ | コンパッションの思考 |

下の表を使って，怒りを覚えた状況をひとつひとつみていきましょう。その状況に際し，あなたの怒りを助長した思考をもう一度よく思い出してください。そしてコンパッションによる代替案を考えてみましょう。

怒りの思考	コンパッションによる代替案

セッション 9 のホームワーク

▶下記のエクササイズのどれかを毎日行いましょう。
　　◦「マインドフルネス呼吸法」のエクササイズ
　　◦「コンパッションの自己」のエクササイズ
　　◦「安心できる場所（スージング・スペース)」のエクササイズ
　　◦「コンパッションの思考」のエクササイズ

1回あたり10分間以上行いましょう。1週間で少なくとも3つのエクササイズをするのをお忘れなく（毎日同じエクササイズばかり行わないようにしてください）。もしできそうなら，1日に2つ以上のエクササイズをしてもよいですね（お勧めします。実践はすばらしい！）。

▶継続してコンパッション実践記録表に記録をつけましょう。怒りの観察記録表はこれから1週間のうちに1回記入してください。

▶スージング・リズム・ブリージング・エクササイズは1日に少なくとも2回，一度に30秒以上行いましょう。

コンパッション実践記録表

曜日	実践したエクササイズ, 実践した時間	気づいたこと, 役立ったこと
月曜日		
火曜日		
水曜日		
木曜日		
金曜日		
土曜日		
日曜日		

怒りの観察記録表

　このホームワークの目的は，怒りを引き起こしやすい状況と自分の反応パターンをよく知り，コンパッションに満ちた代替案をつくることです。今週，苛立ち，怒り，激怒を感じたときのことをひとつ選んでください。

状況／トリガー
感情
思考
行動（何をしたか）
コンパッションの自己はどんなことを言ってくれるだろうか？
コンパッションの自己なら，どんなふうに発言／行動するだろうか？
結果

セッション 10

難しい状況に
コンパッションをこめて取り組む

さあ，次は RAGE モデルの「G」です。怒りが生じたときに気づき
（Recognize），怒りが自分を守ろうとする脅威システムであることに気
づき（Acknowledge），受け入れ（Accept）ました。いまこそ**コンパッ
ションに満ちた反応を起こすとき**です。

怒りのトリガーとなる状況を扱うときのコンパッションの行動には，
状況に応じてさまざまなものがあります。日常ではときとして，怒りを
引き起こす状況に建設的に取り組み，状況を変えるために，自分ででき
ることがあります。ですが，いやな状況に直面しても，何ひとつ変える
ことのできない場合もあります。このセッションでは，多少なりとも自
分が変えられる状況に取り組む方法と，そのためにできることについて
考えます。

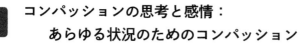

コンパッションの思考と感情：
あらゆる状況のためのコンパッション

- 今の自分の状況の中で，自分もほかのどんな人も，ただ幸せになりたい，苦しみを避けたいと願っているのだと考えます。たとえ，ひどく腹だたしいやり方でそれを叶えようとしているのだとしても。

- この状況にある人は，自分もほかのどんな人も，非常に敏感な脅威システムが備わった，かなりやっかいな脳をもち，それによって引き起こされた問題を抱えているのだと考えてみましょう。これは**あなたのせいではありません（もちろん相手のせいでもありません！）**。

- もしもあなたを苛立たせるか不満を感じさせるような人がいれば，その人に共感できるかどうか考えてください。
  - その人と同じような行動を取ったことがありますか？　そのとき，どんな気持ちでしたか？　その人の行動にはどんな意味があると思いますか？

- あなたが脳の働きや過去の経験に基づいて，自動的に多くの反応を取ってしまうように，相手もまたそうなのです。
  - もし相手が敵意むき出しで怒りに駆られて行動しているなら，思い出してください，それは苦しみのひとつのかたちであり，その人にとっても，決して愉快なものではないということを。
  - もし，その人の脅威システムが活性化しているのなら，注意の範囲が狭まり柔軟に考えられなくなっているかもしれないということに，気づきましょう（ちょうどあなたが腹を立てているときにそうなるように）。

コンパッションの思考と行動：問題解決

1．その問題について考え，可能な解決策を見つける

- その状況にどんな反応ができるでしょうか？　可能なものをすべてあげてみましょう。
- コンパッション・マインドを用いて解決策を見つけましょう。コンパッションの自己はどの解決策がよいと判断するのでしょう？
- できるだけたくさんのアイデアを出しましょう！　現実的なものでなくてもかまいません。
- 解決策には，行動（状況に取り組む）と受容（状況に対する自分の反応に取り組む）の2種類あります。

2．さまざまな解決策の結果を考えてみましょう。

- コンパッションの自己の視点から，解決策を考え，どんな短期的結果・長期的結果が得られそうか考えてみてください。
- その状況に（怒りを引き起こすようなたいていの状況はそうですが）相手がいるなら，最善の策を選ぶうえで考慮すべき要素がいくつもあります。
- **目的**を考えます。あなたはどんな結果を求めていますか？
- 相手との**関係**を考えます。自分の反応によって，相手との関係はどんな影響を受けるでしょうか？
- 自分の気持ちを**表現**します。この状況についてどう感じているかを相手に伝えましょう。
- 複数の選択肢のあいだで葛藤するため，優先順位を考えます。例えば，相手がムカつくことをしていたら，怒鳴りつけ，脅してすぐにでもやめさせる（**目的**）ことが可能かもしれません。でもそんなことをすれば相手との**関係**は壊れてしまうでしょう（相手にも脅威シ

ステムがあるからです！)。

- 重要であるかどうかもわからない**目的**のため，あるいは敵意のこもったやり方で**感情表現**をしたために，大切な**関係**を壊してしまうこともよくあります。
  ○ 相手とのよい関係を保つために，ある状況を受け入れると**選**ぶことができます。これは自ら進んで行う選択であって，受動的に「ただ我慢している」のではありません。
  ○ また，関係よりも優先させるべき価値のある目的もあります（例えば，誰かが自分や誰かを傷つけている，あるいは虐待しているとき）。
  ○ 関係を損なわずにすむように，感情に取り組むことができます（例えば，これまで学んだエクササイズを使って）。そして，自己主張的なやり方で感情を表現することができます（これについては後で話します）。
  ○ 考えてみてください。もし相手が感情のバランスを保てているなら，もっと理に適った行動を取っているのではないでしょうか。そんなとき，相手にもっと脅威を感じさせるようなやり方で接しますか？　それとも，相手にもっと安心しリラックスしてもらえるようなやり方で接しますか？　自分と相手にとって，望ましい結果により結びつきそうなのはどちらでしょうか？

それでは，RAGE モデルの「E」に進み，コンパッションに満ちた反応を**行動に移す**（Enact）準備をしましょう。

3．コンパッション・マインドを使って，最善だと思われる解決策を選びましょう。

- コンパッションの自己を思い描いて，自分と相手にとっていちばん

うまくいきそうな解決策を選びましょう。

- 自分が実行できるスキルをもっている選択肢を選びましょう。自分を助けられそうな人に力を貸してほしいと頼むのもひとつの選択肢です。

4. 手段，解決方法の評価

- 状況はどのように変わったでしょう？
- 何が効果的でしたか？　何が助けになったと思いますか？
- 上手くいかなかったものは何でしょうか？

　実行する際に，RAGE モデルの残りの「E（Establish, Experience）」も忘れてはいけません。

- コンパッションに満ちた代案を選び，実行するとき，**新たなコンパッションの脳のパターンがつくられ始めます**（Establish）。このとき，もうすでに「別の新しい道を歩いている」のです。時間をかけて努力を続けるなら，古い，脅威に基づく脳のパターンはしだいに薄れ，新しいコンパッションに満ちた反応が強くなり，より楽に，自動的に使えるようになってきます。
- そうすることで，**自分をどう体験するか**（Experience）が変わります。自分のことを「怒る人」，「気の小さい人間」とは思わなくなり，どんどんコンパッションの自己に同一化できるようになります。そして，どんな人間になりたいかという価値観をさらに行動に移せる（Enact）ようになります。

恥による自己への攻撃	コンパッションの自己修正
罰を与え非難したいという欲求	ベストの自分になるため，よりよい自分になりたいという欲求
過去ばかり見る	未来志向
落胆して欠点ばかりに目が行く	長所と能力を見て，それを基にする
怒り，不満，不安，蔑みの感情	失敗を価値あるものと認め，勇気づける
つらい目にあっている子どもを叱ってばかりの教師のよう	つらい目にあっている子どもにコンパッションに満ちた指導をする教師のよう

　自分や相手が変われるように助けるなら，コンパッションに満ちた建設的なやり方で行うことができます。自己嫌悪にとらわれてしまうような，攻撃的な方法，恥ずべき（そして何の効果もない）方法でやるのではなく。

エクササイズ　問題解決

　あなたが腹を立てやすい状況を思い浮かべてください。その状況をさまざまな角度から考えていきましょう。「いつ（それが起きたか），それから（何が起きたか）」という形式を使うとエクササイズが行いやすくなります。

状況

コンパッションの自己だったら，どんな反応ができそうか，それによってどんな結果になりそうかを考えます（目的，関係，感情表現，短期的な結果，長期的な結果を考えます）。

1．どんな反応ができそうか	
目的	どのような結果を求めているか
関係	相手との関係はどのような影響を受けるか
表現	相手にどのような表現をするか
結果 (短期)	短期的にはどのような結果になりそうか
結果 (長期)	長期的にはどのような結果になりそうか

2．どんな反応ができそうか	
目的	どのような結果を求めているか
関係	相手との関係はどのような影響を受けるか
表現	相手にどのような表現をするか
結果 （短期）	短期的にはどのような結果になりそうか
結果 （長期）	長期的にはどのような結果になりそうか

3．どんな反応ができそうか	
目的	どのような結果を求めているか
関係	相手との関係はどのような影響を受けるか
表現	相手にどのような表現をするか
結果 （短期）	短期的にはどのような結果になりそうか
結果 （長期）	長期的にはどのような結果になりそうか

4．どんな反応ができそうか	
目的	どのような結果を求めているか
関係	相手との関係はどのような影響を受けるか
表現	相手にどのような表現をするか
結果 （短期）	短期的にはどのような結果になりそうか
結果 （長期）	長期的にはどのような結果になりそうか

セッション 10 のホームワーク

▶ この 1 週間は，苛立ち，不満，怒りを引き起こす場面に遭遇したときの問題解決エクササイズを行いましょう。

▶ 毎日，以下のエクササイズのどれかを行いましょう。
- 「コンパッションの自己」のエクササイズ
- 「安心できる場所（スージング・スペース）」のエクササイズ
- 「マインドフルネス呼吸法」のエクササイズ
- 「コンパッションの思考」のエクササイズ

1 回あたり 10 分間以上行います。1 週間のあいだに必ず 3 種類以上のエクササイズを行いましょう（1 種類のエクササイズを毎日繰り

返さないようにしてください）。1日に2種類以上のエクササイズ
を行ってもかまいません（お勧めします。実践はすばらしい！）。

▶ コンパッション実践記録表に記録をつけ，この週に少なくとも1回
は怒りの観察記録表に記入しましょう。

▶ 1日2回，1回に30秒以上のスージング・リズム・ブリージング・
エクササイズを行いましょう。

コンパッション実践記録表

曜日	実践したエクササイズ, 実践した時間	気づいたこと，役立ったこと
月曜日		
火曜日		
水曜日		
木曜日		
金曜日		
土曜日		
日曜日		

怒りの観察記録表

このホームワークの目的は，怒りを引き起こしやすい状況と自分の反応パターンをよく知り，コンパッションに満ちた代替案をつくることです。今週，苛立ち，怒り，激怒を感じたときのことをひとつ選んでください。

状況／トリガー
感情
思考
行動（何をしたか）
コンパッションの自己はどんなことを言ってくれるだろうか？
コンパッションの自己なら，どんなふうに発言／行動するだろうか？
結果

コンパッションの行動
——自己主張（アサーション）のスキル

このグループ・プログラムでは，怒りを引き起こす状況，自分にとって扱いづらいとわかっている状況を確認します。こうした状況を予測できると，事前に備えることができます。

- カッとなったとき，自分にとって最善となる問題解決を実行に移すことはなかなかできません。ひとたび脅威システムがオンになると注意の範囲が狭くなり，柔軟にとらえられなくなります。
- こういう状況になったらこう行動しようと前もって計画を立てておけば，脅威システムを落ち着かせることができます。その計画によって自信をもって，自分を統制することができ，状況をうまく扱うためのスキルが手に入るのです（事態を悪化させることなく！）。
- 前回，問題解決について話し合いました。今回は，日々のなかでさらにほかのコンパッション反応をつくり，行動に移す方法について話します。

自己主張（アサーション）スキル

　相手の言動にカッとなったとき，たいていは以下の2つのうち，どちらかの反応をします。

- **攻撃性**——これは典型的な「怒り」の反応です。言葉で攻撃したり，物理的に攻撃したりします。嫌味を言う，侮辱する，けなす，威嚇的な行動を取るなど。
- **受け身**——例えば「どうでもいい」と言う，黙り込む，利用されても相手のなすがままになるなど。心の中では怒りや敵意で煮えくり返っていたとしても受動的になることです。

　どちらも脅威による反応であり，前回話し合った3つの領域すべてで問題を引き起こすおそれがあります。

- 自分や相手にとって悪い状況を引き起こしがちです（**目的**）。
- また，自分と相手の**関係**が損なわれることもよくあります。
- 相手に受けとめてもらえて，理解してもらえるやり方で**感情を表現**できなくなります。

　自己主張（アサーション）とは，自他を尊重するやり方で自分を擁護し，自分の感情を直接言葉にして表現することです。自己主張（アサーション）が目指すのは，必ずしも自分の欲しいものを手に入れることではなく，相手にわかりやすく，適切なやり方で自分の気持ちを伝えることです。
　ここでふたたび3つの円のモデルを思い出してください。人は**誰もがみな**とても敏感な脅威システムをもっています。自己主張（アサーショ

ン）とは，つらい状況でも**自分と相手にとって脅威を感じさせるレベル**を最小限にしながら，自分の気持ちを表現することです。それによって，互いの怒りの炎に油を注ぐことを防ぎます。相手も自分も安全だと感じられれば，互いに相手を尊重しやすくなり，うまく問題解決を行い，よい結果が得られる可能性が高くなります。

 コンパッションの行動：
　　　　アサーション（自己主張）スキル

1．**感情と願望を表現する**：「わたしは～のときに……と感じたので，——したい」
- 状況，そのときどう感じたか，どうなることを願っているかを簡潔に，具体的に伝える。
  《例》
  ◦「その悪口を言われて，いやでした。もう言わないでほしい」
  ◦「授業時間が伸びると，そのあとの予定に間に合うか不安になり焦ってしまいます。なるべく時間通りに終えていただけると嬉しいです」

2．**「わたし」を主語にして述べる（アイ・メッセージ）**
- 自分の感情や欲求をはっきり具体的に述べる。相手を侮辱していると取られかねないような不必要な言葉を省く。
  《例》
  ◦「ぼくは，実は野球があまり好きじゃなかったんだ。サッカーが好きなんだ」（自己主張的）
  ◦「野球なんて最低だ。男なら当然サッカーだろう」（攻撃的）

3．反対する

- 相手を尊重しながら自分の立場を表明するやり方で，反対意見を伝えることができます。反対してもいいのです。直接相手に適切なやり方で自分は反対だと伝えることができます。
- 自分は反対だと伝え，自分の見解を述べ，互いの見解を正しく理解しているか確かめる質問をすることもできます。

　　《例》

　　　◦発言「ジムは馬鹿だ」に反対する：「そうは思わない。彼はいつもわたしに親切にしてくれるし，ほかの人にも優しくしている姿を目にしてきた。彼といて何かいやなことがあったということ？」

4．謝罪

- わたしたちはみな，意図的に，あるいは意図しないときに相手を傷つけてしまうことがあります。
- 相手を傷つけてしまったと気づいたとき，いやな気分になります（これはいいことです。コンパッションがあるからこそ，いやな気持ちになるのです）。だから，プラスにならないやり方で反応してしまいがちです。

　　《例》

　　　◦自分の反応を正当化し，合理化しようとします。「あいつはあんな目にあっても仕方がないやつなんだ。だって……」
　　　◦罪悪感をもつ理由として，それを使います。「おれはなんてひどい人間なんだ！」
　　　◦そうした考えを心から追い出してしまうかもしれません。それについて考えないようにしたり，忘れようとしたりさえするかもしれません。

- そんなふうに反応したからといって，自分の行動のせいでできたダ

メージを修復できるわけではありませんし，かえって事態が悪化するかもしれません。

- 謝ったからといって相手を傷つけたという事実が消えるわけではありませんが，過ちを認めて，次は決してそんなことはしないと約束する（口先だけではなく心から！）ことで，傷を癒す方向へ向かうことができます。

- 謝るというのは，相手を傷つけたことを率直に認めること（「責任逃れ」のためにあれこれ弁解せず），後悔の気持ちを表現すること，同じことを繰り返さないという意志を伝えることを指します。

  《例》
  ◦「悪口を言ってしまい本当にすみませんでした。この状況に腹を立てていたとはいえ言い訳にはなりません。いま，自分が怒ったときにうまく制御できるように努力しています。今後はもっといい接し方ができるようにがんばります」
  ◦「最後の＿＿＿を使っちゃってごめん。君が困るなんて思ってもみなかった。今後はもっと気をつけるよ」

- どうか忘れないでください。罪悪感／後悔（「あんなことをしなければよかった。これからはもっとうまくやりたい」）と恥（「あんなことをするなんて自分はひどい人間だ」）は違うのです。
  ◦自分の行動に責任をもち，今後はよりよい行動ができるよう導いてくれるという点では，罪悪感と後悔は役に立ちます。
  ◦一方，恥は役に立ちません。恥は，脅威システムのスイッチを入れ，いやな気持ちにさせてひどい行動を取らせます。

- ここで大事なのは，自分の行動に責任を負い，状況を修正するために最善を尽くし，これからはよりよい行いをしようという強い決意をして（それを相手に伝え），やり抜くということです。この最後の部分はとくに重要です。というのも，謝ってから同じことを繰り返すと，あの謝罪には何の意味もなかったというメッセージになる

からです。

 ## 実践の力

　これまで述べてきた自己主張（アサーション）の戦略は，いくつかの
スキルから成り立ちます。どんなスキルもそうであるように，実践を重
ねなければ上達しません。忘れないでください。実践を重ねることで，
新しいパターンが脳に組み込まれていきます。そして，それには時間が
かかります。怒ってしまうような場面を想像し，これまで学んだスージ
ング・テクニックを使って自分を落ち着かせ，それからアサーティブに
行動するスキルを駆使する自分をイメージしましょう。ちょうど，大き
な試合の前の練習のように。

　まず，この一連のスキルを何度も繰り返し実践してみましょう。頭で
想像してもいいですし，友人やグループの参加メンバーとロールプレイ
をしてもかまいません。そうすれば，台本を棒読みするような感じでは
なく，言葉が自然になってきます。最初は少しぎこちない感じがするか
もしれませんが，ぜひやってみてその効果を実感してください！

　それぞれのスキルをうまく操れるようになれば，どうしても怒ってし
まうような場面でそのスキルを使うイメージトレーニングを重ね，それ
から日常生活で活用できるようになります。

エクササイズ　　**自己主張（アサーション）の実践**

　1．静かな場所に座るか横になって，怒りや脅威の感情がわいてくる
　　　ようなつらい状況を思い浮かべてください。状況をありありと思
　　　い浮かべ，そのときの感情を思い起こします。

2．状況をうまく思い浮かべ，感情がわきあがってきたら，以前学んだスージング・エクササイズを行います。

- 少し時間をとってスージング・リズム・ブリージングを行います。
- 「安心できる場所（スージング・スペース）」を思い描きます。
- 知恵，自信，優しさに満ちたコンパッションの自己を思い描きましょう。コンパッションの自己なら，この状況にどう対処するでしょうか？

3．怒りをかきたてる身体の覚醒が落ち着いたら，その状況で，先ほど話し合った自己主張（アサーション）スキルか，先週考えた問題解決方法を使う自分を想像します。何と言いますか？　どう行動しますか？　頭の中でその状況を再生し，イメージトレーニングをしましょう。

4．怒りやそのほかの感情によって実践が途中で途切れたときには，もう一度スージング・スキルを使います。心が落ちついたら，実践に戻ります。何度中断してもかまいません。スージング・スキルを使うことで，必要なときにいつでも戻れる安全な「ホームベース」が得られます！

5．うまくできたときは自分をほめましょう。次に現実場面で同じような状況になったとき，このスキルを使おうと心に決めます。これはかんたんにできることではありません。がんばっている自分を認めてあげてください。

　ただし，必ずしもよい結果をもたらすわけではないことは覚えておいてください。結果についてはどうすることもできません。人生に困難はつきもので，思い通りにいかないことだらけです。けれども，自分と相手を大切にしてコンパッションに満ちた態度を取ることはできるはずです。自他の人生に及ぶ悪影響を最低限に抑え，理想の自己像を反映した，

コンパッションに満ちた行動です。たとえそういう状況をコントロールできなくても，自分の行動はコントロールできます。扱い難い脅威システムをうまく扱うことで，より幸せな人生を送ることができます。例えて言うなら，小競り合いで負けても，戦争で勝つことができるのです。

セッション 11 のホームワーク

- 苛立ち，欲求不満や怒りを感じたときの状況について，この 1 週間は 2 回以上「自己主張（アサーション）の実践」エクササイズをやってみましょう。
- ほかの日には以下のエクササイズのどれかも行いましょう。
  - 「コンパッションの自己」のエクササイズ
  - 「安心できる場所（スージング・スペース）」のエクササイズ
  - 「マインドフルネス呼吸法」のエクササイズ
  - 「コンパッションの思考」のエクササイズ

  1 回あたり 10 分以上行います。1 週間のうち必ず最低 3 種類のエクササイズを行いましょう（1 種類のエクササイズを毎日繰り返さないようにしてください）。1 日に 2 種類以上のエクササイズを行ってもかまいません（お勧めします。実践はすばらしい！）。
- コンパッション実践記録表を記入しましょう。
- この 1 週間の怒りの観察記録表を記入しましょう。
- スージング・リズム・ブリージング・エクササイズを 1 日 2 回，1 回に 30 秒以上行いましょう（列に並んでいるときや何かの待ち時間，ちょっとした隙間時間を利用するとよいでしょう）。

コンパッション実践記録表

曜日	実践したエクササイズ, 実践した時間	気づいたこと, 役立ったこと
月曜日		
火曜日		
水曜日		
木曜日		
金曜日		
土曜日		
日曜日		

怒りの観察記録表

　このホームワークの目的は，怒りを引き起こしやすい状況と自分の反応パターンをよく知り，コンパッションに満ちた代替案をつくることです。今週，苛立ち，怒り，激怒を感じたときのことをひとつ選んでください。

状況／トリガー
感情
思考
行動（何をしたか）
コンパッションの自己はどんなことを言ってくれるだろうか？
コンパッションの自己なら，どんなふうに発言／行動するだろうか？
結果

セッション **12**

コンパッションを他者へと広げる

これまで自他へのコンパッションについてずいぶん話してきました。でも，本プログラムは怒りをテーマとしたものであり，その取り組みの多くは，ネガティブな感情，脅威に基づく感情の扱い方に焦点を当てています。しかし，コンパッション・マインド・モデルの目的は，ただつらいことに取り組むことだけではありません。人との接し方をよりよいものにして，わたしたちの暮らす環境をよりよいものにして，その結果としてよりよい世界をつくることこそが，コンパッション・マインド・モデルの目的なのです。

今回は，そのための方法について話します。怒りなどの脅威の感情にとらわれているときには，こうした実践はほぼ不可能です。ですから，まずはそうした感情に働きかける必要があります。これから紹介するエクササイズは，心が落ち着き，人とつながりたいという気持ちになったときに行うもので，関係を改善し，他者の（そして自分の！）人生にプラスになるような働きかけができるようにします。エクササイズの実践を重ねることで，つらい状況にもこれまでとは違うやり方で反応できるようになります。そもそも，カッとなる回数がぐんと減ることでしょう。

 **共感する**

　共感は，相手のものの見方を理解しようと努め，とくに相手がどんな気持ちなのか，どんな動機があるのかを理解しようとすることです。

　　◦ 相手はなぜこのような行動をしているのだと思いますか？
　　◦ 相手はどんな気持ちだと思いますか？
　　◦ 相手はどんなことを考えていると思いますか？
　　◦ その行動にはどんな意味があると思いますか？

　腹を立てているときには，相手がただ自分に害をなすためだけに存在しているかのように感じてしまいますが，実際にはそんなことは決してありません。

- 最悪の行動イコールその人そのもの，では決してありません。傷つけたり，人を苛立たせたりしてしまうことはあっても，どんな人も，その行動がその人のすべてではなく，よい行いもたくさんしているはずです。
- わたしたちがやっかいな脳をもち，すぐにスイッチが入る脅威システムをもち，過去にネガティブな経験を学習してきたように，ほかの人もみんなそうなのです。
- 人生には困難がつきもので，つらい経験と難しい選択の連続です。わたしたちにとっても，ほかのすべての人にとっても。
- わたしたちは偶然この環境に生まれ育ち，いまここにいて，ただ幸せになりたい，苦しみたくないと願っています（かなりへたくそなやり方でがんばっているわけです！）
- 状況と行動を相手の視点で考えると（「あの人はこの状況について

どんな気持ちでいるのだろうか？　あの行動にはあの人にとってどんな理由があるのだろうか？」），その人の行動と，その裏にある感情を理解できることが多いのです。

▪ たとえその人の行動が相手をひどく傷つけるようなことでも，その人の過去や背景に思いを馳せ，これが理由だったのではないかと考えることができるなら，その行動を理解しやすくなります。

人は共感すると，相手の行動についての自分の感情反応から一歩距離を取り，相手がどう感じたかを理解しようとします。

　　　。「相手にとって，これはどんなふうに感じられるだろう？」
　　　　——「ちょっと様子を見る」ようにして，こちらの理解を相手に伝えてみるとよいでしょう。
　　　。「あまり感謝されていないって感じているのかな」
　　　。「わたしがこう言ったとき，攻撃されたみたいに思ったのかなって感じるんだけど，合ってる？」

「あなたがそう感じたのも当然だ」と，こちらが受け入れている気持ちを相手に伝えることもできます。

　　　。「……のときにあなたが怒ったのも無理はありません」

 ## 許すこと

最後のセッションのテーマは，自分を傷つけた相手を許すことです。わたしたちの多くが，最近誰かに傷つけられたり，過去に傷つけられたりして，ひどくつらい思いをしたり，生活上のダメージを受けたりしています。

- 相手を許すときは，自分を傷つけた相手に対する怒り，憤り，恨みといったネガティブな感情を手放します。
- 許すといっても，「相手がしたことは問題ない」と言っているわけではありませんし，相手にまた同じことをさせるわけでもありません。許すということは，ただ自分が抱えている有害でネガティブな感情を進んで手放そうとすることです。というのも，手放さない限りずっと害を受け続けるからです。

許すというプロセス

1. マインドフルに（批判せず判断せずただありのままに）自分が受けたダメージと痛みに気づきます。
- 相手の行動によって傷ついたことに気づきます。
- また，相手の行動への反応としての自らの感情，つまり怒り，痛み，悲しみ，そのほかの感情があることに気づきます。

2. 許すためのコンパッションに満ちた動機づけを育みます。
- あなたもあなたを傷つけた人も，ただ幸せになりたい，苦痛を避けたいと願っていて，あなたはその人を許すという決断も，その人に抱いてきたネガティブな感情を手放すという決断も下せることを理解しましょう。
- 許すのは自分のためになると理解します。
- 人にこう訊ねることもあるかもしれません。「おれには怒る権利がある。そうだろう？」。そうやって，恨みを抱く権利があることと，怒りを感じる自分を正当化します。確かに，怒る権利もあるかもしれませんが，そんなことを言えば毒を飲むという権利だってあります。ただ，自分にとってかなり悪いものですよね！

3．自分と相手への共感とコンパッションをもって許す

- 自分と同じように相手もまた，やっかいな脅威システムをもち，それを制御するスキルがなければ脅威システムに支配されてしまうと気づくことができます。

- 先ほどの「共感する」のところで自分に問いかけた多くの質問を使って，なぜ相手が自分を傷つけたのか，その理由を理解するようにします。相手にそんな行動を取らせたのは，何だったのでしょうか？

- 例えばその人は，あなたに暴力をふるったときアルコールや薬物の影響下にはありませんでしたか？　その人自身も過去に虐待を受けていて，養育者からそういう暴力のパターンを学習したのではないでしょうか？
    - それを理解できたからといって，相手から受けた傷が帳消しになるわけではなく，相手はその責任を免除されるわけでもありませんが，あなたの怒りや苦しみを和らげるのに役立ちます。

- 相手に与えられた痛手に対する，自分の感情反応を受け入れられるよう取り組みます。その状況のために被ったつらい日々を悲しみ嘆く気持ちも，受け入れられるように。
    - 本プログラムで学んだ多くのアプローチを使って，こうした感情を受け入れられるよう取り組むことができます。

- そのダメージによって得られたプラスの面さえ見つけられるかもしれません。たとえば，忍耐力が強くなり，レジリエンス（回復力・心の弾力性）が高まり，許し方を学ぶことができたなど。こういったプラス面に感謝をするという実践ができれば，ポジティブな方向へと成長できます。

ポジティブな成長と他者を手助けすること

　他者を変えることはできませんが，相手の変化を促す状況をつくりだすことはできます。そのためにいちばん効果的な方法は，自分を変えることです。コンパッション，優しさといったポジティブな特性を育むことによって，自分を変えるのです。わたしたちが人とかかわるとき，常に相手に影響を及ぼす可能性があります。相手はこちらの行動がどんな結果になるのかを見て学習します。実際，これから相手の人生に影響を与えることができるのです。問うべきはただひとつ。「どんな影響を与えたいですか？」

　わたしはよく学生にこう言います。「よい親になりたければ，あなた自身が子どもにこうなってほしいと思う人物になりなさい」これは，子どもにこうあってほしいと願う特性と同じものを，親自身である自分の中で伸ばすという意味です。これは子どもだけではなく，かかわっているすべての人に当てはまります。というのもわたしたちはみな相手を観察し，かかわり合うことで学習するからです。以下に，伸ばすべき特性をあげます。「脅威の赤い円から抜け出し，安全の緑の円に移行」して，安心と安全を感じ，リラックスさせてくれる特性です。それを身につけることで，行動そのものも成長し変わってくるでしょう。

1. **忍耐力，穏やかさ**——ここまで，苛立つ場面に対処するいくつかのスキルを学び，身につけてきました。そのスキルを実践して活かしましょう！　相手が怒りを煽ってきたときに，あなたはもうその怒りを鎮めることができます。短時間スージング・リズム・ブリージングを行い，穏やかな態度で反応するのです。あなたひとりの頭が冷静になるだけで，一触即発の状況にどれだけ大きな変化をもたらすことができるか，きっと驚くことでしょう。

2. **コンパッションに満ちた行動**——自分の苦しみや怒り，痛みをありのままに観察する方法を学び，相手がつらい状況にあると気づく姿勢についてこれまで学んできました。相手にコンパッションを感じられるでしょうか。わたしたちの脳はとてもやっかいで，相手にとってもそれは同じです。あなたは心の奥底では，相手も自分と同じく，ただ幸せになりたい，苦しみたくないと思っていて，その人生もまた個々に喜びと痛み，苦難と歓喜に満ちたものだとわかっています。相手にコンパッションを感じられるでしょうか。コンパッションから生まれる動機づけによって，相手に助けの手を差し伸べられそうでしょうか。相手に助けの手を差し伸べることを，あなたのいつもの習慣として身につけられそうでしょうか。自分を誇らしく感じるとともに，相手からあなたへの見方，接し方が変わるはずです。

3. **優しさ**——小さな親切は，驚くほど大きな影響を及ぼします。優しい笑顔や励ましの言葉はすばらしい効果を発揮します。ほかの人が自分を悪く思っているのではないかと思うとかなり苦痛を感じますが，ほかの人が自分のことを気にかけてくれたり自分をよく思ってくれたりしているとわかると日々がすっかり好転するものです。優しい笑顔を分け与え，してもらったことに感謝を伝え，ほかの人の人生をほんのちょっとよいものにするような習慣をつけましょう。まわりの人々の人生を変えるとともに，誰よりもあなたにいちばんの恩恵があるはずです。

4. **クリエイティブに**——こうなりたいと思う人のもつ特徴をどれか選び，自分の習慣にできるか考えてみましょう。以下にいくつかの例をあげます。
    ◦ 1日に何度か，誰かに優しい笑顔を向ける。

○感謝していることを記した「感謝日記」をつける。

○1日に少なくとも1回，誰かに尊敬の気持ちを伝える。

○つらい状況を前向きな挑戦だととらえられるか考えてみる。問題だととらえるのではなく，実践のチャンスだ，そのほかのポジティブな特性を伸ばす機会だととらえてみる。

○マインドフルな気づきの実践をいろいろな行動に広げる。食べたり，歩いたり，シャワーを浴びたりすることに注意を向けて集中し，マインドフルに気づく。

○運動をする！　体を動かしましょう！

○苦しんでいる知人に励ましの手紙を書いて渡す（渡さなくても書くだけでもかまいません）。

○誰かに会ったら，相手にも自分と同じように人生があり，いろいろな体験をしてきていることに思いをはせる。赤ちゃんのとき，よちよち歩きの幼児，小中高校生，青年，そして大人になり，年をとり，さらに死の瞬間まで想像してみる。自分と同じように，その人もただ幸せな人生を送りたい，苦しみたくないと願っているのだと，思い出す。

 ## エクササイズ：慈悲とコンパッションの瞑想

　これまでわたしたちはコンパッションについて話してきました。コンパッションとは，自他の苦しみに心を寄せること，助けの手を差し伸べたいという動機づけです。コンパッションと慈悲は1枚のコインの表と裏のようなものです。慈悲とは，自分と他者が心穏やかで幸せであるようにという心からの願いと，自分も相手もそうなれるように手助けしたいという動機づけです。

　このエクササイズは，自己への慈悲，相手／多くの人々への慈悲，生

きとし生けるすべての存在への慈悲を育むためのものです。

　このエクササイズの第一段階では，慈悲を向けたいと願う相手を思い浮かべます。

　すべての存在に優しくて温かい思いを向けられるようにするのが伝統的な慈悲の瞑想です。相手の姿をクリアに想像し，慈悲の心を向けます。たいていは大切な人（思い浮かべるだけで自然に優しく温かい気持ちがわいてくるような相手）のイメージから始め，つぎに好きでも嫌いでもない人のイメージを浮かべ，それから苛立ちや不満，怒りを感じる人，最後に自分自身をイメージします。

　最初にこのエクササイズを行うときには，思い浮かべるだけで優しい気持ちになり好意を感じるような相手から始めるとよいでしょう。そうすれば，自分の中に優しく温かな気持ちをうまく感じることができます。

　自分があまり好きになれない相手（たとえば自分自身）に慈悲の感情を向けたり感じたりできるようにするには，このエクササイズを何度も行い，慣れる必要があります。

　このエクササイズでは，相手の姿を思い浮かべ，慈悲のフレーズを繰り返し唱えながら，思い浮かべた相手に優しい温かな気持ちを向けます。慈悲のフレーズを繰り返して，相手が幸せになれるように，穏やかな心でいられるように，苦しみから解放されるようにと願います。そして自分の願いによって相手が幸せに満たされ，心穏やかとなり，あなたに対して穏やかな微笑みを浮かべて優しさと温かさを返してくれるところを想像します。瞑想をするときには，優しい笑顔を浮かべるようにします。

┃エクササイズ┃　慈悲の瞑想

▶目を閉じて，あなた自身の姿（または，あなたが慈悲を向けたいと思う人）を思い浮かべてください。

▸ 誰もがみな，ただ幸せになりたい，苦しみたくないと願っていることに思いを馳せます。姿を思い浮かべた相手が幸せで心穏やかであるように願います。

▸ 相手の姿を心に思い浮かべて，次のフレーズを繰り返し唱えます。

　　あなたが（わたしが）幸せでありますように。

　　あなたが（わたしが）心穏やかでありますように。

　　あなたの（わたしの）苦しみが和らぎますように。

　　あなたが（わたしが）心安らかに暮らせますように。

▸ ゆったりと心地よいペースで上記のフレーズを繰り返します。相手や自分を心の目で思い描き，そのイメージを保ちます。フレーズを唱えながら，しっかりと自分の願いとして深く感じるようにします。うまく感じられないときは，もしそう感じられたらどんな気持ちがするだろうと想像します。これまでのエクササイズと同じく，実践を重ねなくてはなかなかうまくいかないものです。

▸ フレーズを繰り返し唱えながら，その人物の姿を目に見えるように思い描きましょう。その人々の心が幸せと安らぎに満ち，苦しみが消え去り，より心穏やかに生きていけるようになると想像します。そうなるとともに，その顔が優しく温かな微笑みに変わっていきます。

▸ もし注意がそれてしまった場合には，もういちどフレーズを唱えます。リラックスして楽しみましょう。エクササイズを終える頃には，優しさと温かさが広がったことに満足を感じ，誰もがみな，ただ幸せになりたいと願っているのだと思い出し，誰もがみなが幸せになるよう願っていることでしょう。

さいごに

　お疲れさまでした！　ようやくプログラムの終わりまできました。み
なさんが少しでも，脳の働きや，怒りやそのほかのやっかいな感情の扱
い方，自他へのコンパッションの示し方について学べたのであれば嬉し
く思います。

　さあ，いよいよここから**本物**の実践がスタートします！　大事なのは，
これまで学んだものを手に人生を続け，スキルを活用しつづけることで
す。新しい習慣とパターンを身につけ，もちつづけ，それを残りの人生
ずっと続けていくことです。かんたんではありませんが，ちょっとした
コツがあります。ひとたび新しいパターンが確立されると，かつての悪
い習慣がそうであったように，新しいものもそのまま続く傾向がありま
す。大事なのは，そうしたパターンを繰り返し実践することです。忘れ
ないでください。あなたは新しい道を歩き出し，古い習慣をゆっくりと
手放しているところなのです。

　こんなにがんばっているのに，その成果はいつあらわれるのだろうと
思うかもしれません。変化は突然やってくると思われがちです。先ほど
まで雲に覆われていた空から急に日が差し込むように。筆者の経験から
言うと，本当の変化のプロセスは，時計の短針を見つめるかのごとく，
じっと見ているときにはまったく動いていないような気がするもので

す。**実際に変化は何ひとつ目に見えないのです。**

　けれども実践を続けていれば，変化していることに気づかなくても，しばらくすると自分の人生が前とは違っていることに気づくはずです。時計に視線を戻すと，いつのまにか短針の位置が動いているように。ふと振り返ると，何週間も誰にも怒鳴っていないと気づいたり，最後に配偶者や子どもたちに冷たい話し方をしたのがいつだったか思い出せなかったりします。もっとポジティブな対話をしたり，前よりも友達が増えていたり，ものごとが前よりよくなっていたりすることに気づきます。

　変化というものはそんなふうに起こるのです。大事なのは続けること，実践し続けること，一度に一歩ずつ進むことです。もちろんくじけることもあれば，問題に直面することもありますが，成功の秘訣は，自分の進みたい方向を目指しつづけ，失敗しても立ち上がり，身体についたほこりを払い，さらに一歩進むことです。**必ず転びます。**だからこそ自分にコンパッションをもつことがとても重要になるのです。かんたんではありませんが，人生だってかんたんなことだらけというわけではありません。けれど，難しすぎるというわけでもありません。あなたは長年の経験からそれを知っているはずです。あなたにはコンパッションを受ける価値があります。**あなたならきっとできるはずです。**

付録　おまけのエクササイズ

　ここから先のページでは，コンパッションに満ちた自分を育み，スージング・システムをオンにするためのおまけのエクササイズを紹介したいと思います。このエクササイズを使うことで，本プログラムで学んだコンパッションを身につけるスキルを育み，さらに高めることができるでしょう。よりあなたの好みに合ったエクササイズが見つかるかもしれません。まずは自分が好きなところや，比較的やさしそうなところから始めましょう。そうすれば，次第にもうちょっとがんばってみたい，もう少し難しいエクササイズに挑戦してみたいと思えるようになるかもしれません。

> **エクササイズ**　コンパッション・レター

　ここで思い出してほしいのは，わたしたちが行っているエクササイズはどれも，コンパッションに満ちた自分を育むためにつくられているということです。つまりこれらはすべて，わたしたちが勇気を出して困難な経験に立ち向かい，自分自身を受け入れ，他者と分かちあえる安心感を培うことができる心のパターンをつくり，強化するために考案されて

いるのです。

　自分に宛てて手紙を書くことによって，コンパッションに満ちた心で考え，推論することができます。このエクササイズでは，つらく苦しいことについて書きますが，あくまでコンパッション・マインドの視点から書いていきます。

▶ まず，紙とペンを用意してください。コンパッションに満ちた文章を書くため，お気に入りの手帳，ノートを用意するのもよいですね。

▶ 少し時間を取ってスージング・リズム・ブリージングを行います。自分の体験にしっかりと自分の心をなじませます。

▶ では，コンパッションの自己を呼び起こしましょう。コンパッション・マインドを思い出し，最善の自分を想像します。心がとても穏やかで，賢く，思いやりのあるもっともよい状態の自分です。自分が少しだけ大きく，強くなったのを感じてみてください。自分が，賢く，温かく，思いやりのある，心優しいコンパッションに満ちた人物だと想像しましょう。態度，声の調子はどんなものになるでしょうか。どんな気持ちになるでしょうか。

▶ 心がコンパッションに満ちた状態のときには，ほんの少しでも自分の人生経験を賢く活かそうとします。人生はつらく大変なもので，それを知るコンパッションの自分は，つらい状態にある自分や誰かに，手を差し伸べ，力を分け与え，思いやり深くあろうと努め，判断せず，批判もしません。2〜3回ゆっくりと深く息を吸い，吐きましょう。賢く，思いやり深く，自信のある，コンパッションに満ちた部分が，自分の中にわきあがるのを感じましょう。そんなコンパッションの自分になって，手紙を書いてみましょう。

▪ もし，「ちゃんとできただろうか？」，「いまはそんな気分になれない」といった思いが浮かび，自信がなくなったら，心がそんなふうに感

じるのはごく自然なことだと心にとめましょう。書きながら，できるだけ自分の感じていることをただありのままに観察してみてください。そこには正解も不正解もありません。ただ，コンパッションに満ちた自分と共に実践しているだけです。書くときは，できる限りの温かな心，思いやり深い心で書いてみましょう。

- 手紙を書くときは，自分の苦しみを**理解し，ありのままに受け入れる**ように努めます。例えば，「悲しくて，つらい。こんな気持ちになるのも当然だ。なぜなら……」というふうに書きはじめるのもよいですね。
- 自分がこんなふうに苦しいのも無理はないと認め，そう思う理由を書きます。それからこう続けましょう。「自分にこういうことをわかってほしいと思う。それは……」
- このときのポイントは，理解，思いやり，温かい気持ちを伝えながら，同時に取り組むべき悩みごとに向き合うことができるよう自分を支えることです。

コンパッション・レターを書くときの手引き

コンパッション・レターを書く最初の数回は，その手紙に自分へのコンパッションがこめられているか，書きはじめから書きおわるまでずっと心をやわらかくして見ていきます。コンパッションがこめられていれば，以下のことが当てはまるはずです。

- 心配と心からの思いやりが言葉にされている。
- 自分の苦しみに細やかに心を寄せ，自分が何を求めているのかを敏感に感じとっている。
- 書くことで自分の感情と向き合い，より耐えられる。
- 自分の気持ち，つらさ，ジレンマを理解しやすい。
- 判断せず，批判していない。

- 心からの温かさ，思いやり，理解ある態度が手紙にこめられている。
- 状況を改善するために取り入れたらよい行動について考えられる。
- 何のために状況をよくしようとがんばっているのか思い出すことができる。

コンパッション・レターの例

親愛なるジムへ

今週はきみにとってかなり大変な1週間だったから，いろんな激しい感情を感じたのも無理はない。怒りを何とかしようと一生懸命がんばっていて，自慢できない態度を取ったことに気づくと，すぐに落ち込んで自分に腹を立ててしまうよな。でもどうか思い出してほしい。その怒りは脅威システムの一部で，自分で選んだわけではないんだ。それに，そんな感情を抱くのはきみのせいじゃない。習慣は根深く，変えることは難しい。これは大事なことだから，腹が立って自分をボコボコにしているようなときには，とくにしっかり思い出してほしい。きみは勇敢にも自分の怒りに責任をもち，怒りの扱い方を身につけようとがんばっている。それに，きみはコンパッションを受ける価値のある人だ。これまでとは違うやり方で心を扱うのは簡単じゃないし，いつもうまくいくわけじゃない。それでも，いまどんな気持ちだろうと，そう感じていいんだ。いま落ち込んでいるってことは，もっといい自分になりたいと願っているってことだし，努力が実を結びつつあるというサインでもある。たとえ，いまはそう思えなくても。ひょっとすると，これまで学んだスキルの中に役に立つスキルがあるんじゃないか？「安心できる場所（スージング・スペース）」のエクササイズが気に入ってたよな。あと，いまの気持ちをロバートとチャットで話してみてもいいかもしれない。ロバートはいつでも話をじっ

くり聞いて理解しようとしてくれる。だから，どうか一息入れ
てほしい。そして思い出すんだ。いまこうしてがんばっている
なら，きっと息子や娘にとって鑑になるような親の姿を見せら
れる。息子と娘は，きみの愛とコンパッションを受けとる価値
があるし，きみだってそうなんだ。

　愛をこめて
　ジムより

エクササイズ　コンパッションに満ちた理想的な存在

　まず，スージング・リズム・ブリージングを行い，コンパッションの
表情，姿勢，声のトーンを思い浮かべ，心が落ち着く場所を思い描きま
しょう。どんな音が聞こえるでしょうか。どんな気持ちでしょうか。ど
んな光景が見えるでしょうか。そこはあなたのための場所で，その場所
はあなたがそこにいることを心から喜んでくれています。そこは，あな
たが思い描くコンパションに満ちた存在のイメージに出会える場所で
す。例えば，目の前の霧がだんだん姿を変えるかもしれません。あるい
はただ何らかのイメージがあらわれるかもしれません。イメージがあな
たに向かって歩いてくるかもしれません。仏教の教えでは，弟子は澄み
わたった青空を想像し，そこからコンパッションの姿が立ちあらわれま
す。
　このエクササイズは，あなたがコンパッションに満ちた存在のイメー
ジをつくりだし，そのイメージと共に実践に取り組み，コンパッション
のイメージを育むためのものです（複数の存在のイメージを浮かべても
かまいませんし，イメージが少しずつ姿を変えてもかまいません）。注
意してほしいのは，どんなイメージが心に浮かんだとしても，それは**あ
なたの創造物であり，あくまであなただけの理想の存在のイメージだ**と

いうことです。自分が大切に思われていると感じられるように，つくられたものです。ただし，このエクササイズで重要なのは，その存在がコンパッションの特性をもつことです。存在のイメージをつくり，それを心に思い浮かべる実践を行うためには，そのイメージがしっかりとコンパッションの特性をすべてもらさずもち，そのコンパッションがあなたに向けられていることが大切です。

あなたに心からの思いやりを向け，支えたいという強い思い──苦しんでいるあなたの力になりたい，苦しみを和らげ，幸せを享受してほしいという願い（これはとても重要です。コンパッションの存在から愛され，幸せを願ってもらい，苦しみが和らぐことを願ってもらうという体験が，脳にポジティブな刺激を与えます）。

心の強さ──コンパッションの存在は，あなたの苦しみや痛みにとらわれて動けなくなることなく，いまこの瞬間にとどまり，あなたと一緒に耐えてくれます。

知恵──経験から得られます。コンパッションの存在は，人生に苦しみがつきものであることを心から理解してくれます。わたしたちが自ら望んで，進んで，いまここにこの自分としているわけではないこと，そのなかで最善を尽くしてがんばっていることを，その存在はわかってくれています。

温かさ──コンパッションの存在は，親切で，優しく，思いやりがあり，寛容です。

受容──コンパッションの存在は，けっして批判せず，判断しません。あなたの苦しみを理解し，ありのままのあなたを受け入れてくれます。忘れないでください。その存在は，あなたを支え，助けたいと心から強く願い，進んで手を差し伸べようとしてくれます。

すべてを覚えられなくても心配いりません。エクササイズの中でひと

つずつ思い出しながらコンパッションに満ちた理想の存在のイメージを
つくりだしていきます。

イメージをつくるときに役立つ質問

- コンパッションの存在のイメージはどんな感じでしょうか？　どん
  な外見でしょうか？　若い人？　それとも年上でしょうか？　男性
  ですか，女性ですか？　人間ですか，それとも人間ではないもの
  でしょうか（動物，木，海，光など）？
- コンパッションの存在のイメージは，強く，知恵があり，温かく，
  批判せず判断したりしません。そのイメージはどんな色でしょう
  か？
- コンパッションの存在のイメージは，あなたに優しさと思いやりを
  向けるために心を尽くしたいと強く決意しています。どんなところ
  からそれを感じとれるでしょうか？

　ここで大切なのは，コンパッションの存在が，あなたが苦しみから解
放され，つらい状況にうまく対処できるようになり，幸せになることを
心から願ってくれている，と感じることです。コンパッションの存在は，
わたしたちが自ら選んだわけではなく偶然いまこうしてこの姿でこの環
境に生きていて，心と人生をよりよいものにしようと精一杯がんばって
いることを，わかってくれています。心と脳はやっかいなもので，感情
はときとして制御不能となってしまうことも，あなたのせいではないと
理解してくれています。
　他者が自分を気遣ってくれているという感覚を味わうのがこの実践の
要です。誰かが心から自分を大切に思ってくれていて，無条件に気遣っ
てくれるときの気持ちはどんなものなのでしょう。コンパッションに満
ちた理想の存在が，深く温かな優しさをもってあなたの目をまっすぐ見
つめています。そして，あなたがこうあるようにと心から深く願ってい

ます。

あなたが健やかで，心穏やかでありますように。
あなたが幸せでありますように。
あなたの苦しみが和らぎますように。

このエクササイズで大事なのは，はっきりとしたクリアなイメージをつくることではありません。どうしてもほんやりとしたイメージしか思い浮かべられない人もいます。大事なのは，誰かが心からあなたの幸せを願っている，という気持ちを味わうことです。他者からあなたへ向けられたコンパッションの願いを感じることです。

こんなふうに思うかもしれません。「でも，こんなのリアルじゃない。実在する本物の人間からの思いやりを感じたい」と。このエクササイズでは，自分には「実生活」でそんなふうに気にかけてくれる人はいないと感じて，悲しい気持ちになるかもしれません。それはもっともなことです。人とのつながりを求める直感的な知恵があなたに備わっているから，そう感じるのです。ここで覚えておくべき大切なポイントは，あなたはいま，とくに自己批判，恥といった自分に向ける態度に取り組んでいるということです。実際に自分を気にかけてくれる人を見つけたいところですが，自分の中でそういう気持ちをつくりだせるようになると，大きな助けになります。それは，コンパッションを自分に向けられるようになるからです（恥や自己批判ではなく）。自分を気にかけ，世話をしてくれる人がいるかどうかという条件を自分の力でコントロールできなかったとしても，コンパッションを自分自身に向けることはできます。どちらの経験も同じように，脳に新しいパターンをつくりだしてくれます。

コンパッションに満ちた理想の存在　イメージ・ワークシート

コンパッションに満ちた存在はどんな感じで，どんな外見でしょうか？

コンパッションに満ちた，思いやり深い存在は，どんな声／音，話し方でしょうか？（例えば，声のトーンなど）

どんな香り，手ざわり，身体感覚でしょうか？　どんな感じかイメージできそうでしょうか？

コンパッションに満ちた理想の存在は，どんなふうにあなたに接してくれるでしょうか？

あなたは，コンパッションに満ちた理想の存在に，どんなふうに接したいでしょうか？

《追加の記入シート》

問題解決

　ついカッとなってしまうようないやな状況を思い浮かべてみてください。その状況をさまざまな角度から考えていきましょう。「いつ（それが起きたか），それから（何が起きたか）」という形式を使うとエクササイズを行いやすくなります。

状況

　コンパッションの自己だったら，どんな反応ができそうか，それによってどんな結果になりそうかを考えます（目的，関係，表現，短期的な結果，長期的な結果を考えます）。

1．どんな反応ができそうか	
目的	どのような結果を求めているか
関係	相手との関係はどのような影響を受けるか
表現	相手にどのような表現をするか
結果 （短期）	短期的にはどのような結果になりそうか
結果 （長期）	長期的にはどのような結果になりそうか

2．どんな反応ができそうか	
目的	どのような結果を求めているか
関係	相手との関係はどのような影響を受けるか
表現	相手にどのような表現をするか
結果 （短期）	短期的にはどのような結果になりそうか
結果 （長期）	長期的にはどのような結果になりそうか

3．どんな反応ができそうか	
目的	どのような結果を求めているか
関係	相手との関係はどのような影響を受けるか
表現	相手にどのような表現をするか
結果 (短期)	短期的にはどのような結果になりそうか
結果 (長期)	長期的にはどのような結果になりそうか

4．どんな反応ができそうか	
目的	どのような結果を求めているか
関係	相手との関係はどのような影響を受けるか
表現	相手にどのような表現をするか
結果 (短期)	短期的にはどのような結果になりそうか
結果 (長期)	長期的にはどのような結果になりそうか

コンパッション実践記録表

曜日	実践したエクササイズ, 実践した時間	気づいたこと，役立ったこと
月曜日		
火曜日		
水曜日		
木曜日		
金曜日		
土曜日		
日曜日		

さくいん

監訳者あとがき

　本書は，ラッセル・コルツ博士によるコンパッション・フォーカスト・セラピーに基づいたアンガーマネジメントのワークブックです。実際に，刑務所のグループプログラムで利用されているマニュアルになります。そのため，本書は，アンガーマネジメントの専門家に加えて，実際に，怒りの問題を改善したいと思う方々やそのセラピストのために，役立つ内容になっています。特に，本書には，たくさんのエクササイズやワークシートが盛り込まれており，体験的に進めていけるスタイルに仕上がっております。これまでのアンガーマネジメントのメソッドであまり効果が見いだせなかった方々や専門家の方々は必見です。

　従来のアンガーマネジメントの本と異なるのは，怒りをコントロールするスキルを身につけるハウツーだけではありません。本書では，実は，怒りの問題は誰かのせいではなく，自らの弱み，傷つき，恥など自分の問題であることをしっかりと見つめなおし，新しく成長した，強さやコンパッションを伴った自分に出逢うのを助けてくれるものになります。

　ラッセル・コルツ博士は，元々，行動療法家としてトレーニングを受けており，長い間，刑務所で強い怒りの問題を抱える受刑者に対して怒りに対するアンガーマネジメントを行ってきました。凶悪犯罪者が収容されている刑務所において，また，彼らが育ってきた環境においては，フィジカル面で屈強さをアピールし，威嚇し，攻撃し，また，弱さを隠し，彼らにとってみればどのような脅しにも動じないことが生き残っていく防衛戦略になります。そのような環境下で，彼らが抱える怒り，弱さ，傷つきやすさ，脆さ，怖さ，情けなさ，失意や絶望はまわりにつけこまれるために，本人も無意識的にカモフラージュしてしまっているこ

とに気付いていない場合が多いです。必死に隠してきたものにしっかりと目を向けて立ち向かうことは至難の業です。従来の行動療法に基づいたアンガーマネジメントがなかなか効きにくいというのは容易に想像ができるかと思います。なぜならば，怒りの感情は，自分は正しいという論理に基づいており，大義名分は自分にあるからです。人は根底に自分が正しいと思うと，強い怒りが押し寄せてきたときに，たいていはスキルトレーニングで学んだスキルはなかなか使えず，怒りを爆発させてしまうという現象が生じるのも事実です。

　怒りは他人によって理不尽にテリトリーを侵害される際に生じる感情です。この感情は，自分のテリトリーや大事にしているもの（例えば，価値観など）を守ったり，まわりにいる大事な人を守ったりするために生じるものです。しかし，同時に，怒りはとても強力であるために，その人に大きな力が与えられたように錯覚させます。その怒りの感情をもつことで，自分の正当性や正義を主張し，あたかも，自分が正しいかのような感覚が得られるからです。そのため，怒りの感情は容易に人を傷つけてしまうのです。

　また，怒りはまわりから人を遠ざけます。常にイライラしている人には近寄りたくなくなります。怒っている人に近づきたくなくなるのは不当に傷つけられる可能性があるからです。そのため，怒っていると，徐々にまわりの人が気を遣うようになり，まわりと距離感が生まれるようになります。そうすると，声を掛けられにくくなり，より一層孤独感や寂しさを感じるようになってしまうのです。また，まわりの人はもしあなたが間違っていても，あなたの怒りの反撃を食らいたくないために何も注意をしなくなります。このように，「怒りは自分に力を与えて，自分や他者を守るもの」ではあるけれど，それが持続してしまうと，逆に，「つながりや関係性を断ち切ってしまうもの」に変貌していくのです。

　ラッセル・コルツ博士は，怒りの問題を抱えた受刑者が，適切に怒りを表現していくためにはまさにコンパッションが大事であると説い

ています。相手とのつながりや関係性を力によって支配し，断ち切るのではなく，受刑者のコンパッションを育むことで，真の強さ（True Strength）が備わってくるといいます。これまでにフィジカル面での強さで武装してきた「強さ」ではなく，真の意味での強さとして，そうした自分の弱さや脆さに向き合って，自分の人生に責任を持って歩んでいき，その怒りの感情を社会的に認められる方法に変えていくことに焦点を置いています。この真の強さというキーワードは，受刑者とのやりとりの中で経験的に抽出され，彼らにとっても最も受け入れられやすい，共通した目標になりました。真の強さと，受刑者が幼少期・青年期に散々見せられた暴力による支配ではなく，本当に強い人とは力による支配をするのではなく，その怒りを，相手のことに尊敬の念や思いやりを持ってまわりや自分を大事にしながら適切に自己主張することができる人々です。

　この「真の強さ」とは，怒りの背景に潜む，誰しもが目を背けてしまう，その受刑者にとってこれまで回避してきた事実（例えば，愛されて育ってこなかった，愛するものを傷つけられ，失ってしまったなど）にしっかりと向き合うアプローチでもあります。そのため，従来の行動療法としてのスキルトレーニングだけではなく，怒りの問題の本質に迫り，しっかりと自分の弱さに向き合うためには，コンパッションという視点がどうしても必要になってくるという点で，少々異なっているアプローチになっています。

　怒りの問題は，矯正教育だけではなく，いじめ，虐待，DV，夫婦間葛藤，パワハラ，アカハラ，アルコール・薬物依存，ここ最近のSNSによる誹謗中傷，さらには，民族間の紛争や国家間の戦争に至るまで，非常に多岐にわたる，すべての人間が大なり小なり抱える感情のテーマです。従来のアンガーマネジメントでも改善がみられず，苦慮されているセラピストもいらっしゃることでしょう。このコンパッション・フォーカスト・セラピーのアプローチはほかのセラピーとも相性がよく，従来のア

プローチにコンパッションのよさを取り入れることも可能です。

　世界情勢をみても，どこへ行ってもストレスや不満を抱えやすく，どうしても，それを社会やまわりのせいと思いがちな多様性のある世の中にわれわれは生きています。ただ，絶えず社会やまわりのせいにしていたらわれわれは，自分の大事にしていることも犠牲になりかねず，本当の意味で自分らしく生きられなくなっていきます。そうした時に，コンパッションを育てて，本当に自分は何を大事にしているのかにしっかりと目を向けていったり，一歩を踏み出していったり，あなたの人生にコンパッションを付け加えたりするだけで，より一層幸せになると思います。ぜひ，本書のエクササイズを実践してその効果を感じていただければと思います。

　最後に，本書の翻訳に際して，山藤奈穂子（謝辞，はじめに，セッション 1），曾根田愛子（セッション 2，9），岡田ウェンディ（セッション 3，4，5），西崎さとみ（セッション 6，10），市中芳江（セッション 7），田中ちよ子（セッション 8），吉森科子（セッション 11，12，Appendix）に多大な協力を頂きました。また，星和書店の石澤雄司社長，近藤達哉氏には，本書に価値を感じ，出版を支援していただきましたこと，重ね重ねお礼申し上げます。ありがとうございました。

令和 2 年 8 月 11 日
東京成徳大学　石村郁夫

【監訳者】

石村 郁夫（いしむら いくお）

　2009 年，筑波大学大学院人間総合科学研究科ヒューマン・ケア科学専攻発達臨床心理学分野の博士課程を修了し，博士（心理学）を取得。東京成徳大学応用心理学部臨床心理学科准教授。2018 年，英国国立ダービー大学大学院コンパッション・フォーカスト・セラピーの準修士課程を修了。公認心理師，臨床心理士，指導健康心理士。日本ヒューマン・ケア心理学会事務局長。あいクリニック神田心理顧問。著書には『カウンセリングのすべてがわかる―カウンセラーが答える本当の心理学』（技術評論社，編著），『フロー体験の促進要因と肯定的機能に関する心理学的研究』（風間書房，単著），『セルフ・コンパッション』（大和出版，単著），訳書には『セルフ・コンパッション―あるがままの自分を受け入れる』（金剛出版，共訳），『実践　セルフ・コンパッション―自分を追いつめず自信を築き上げる方法』（誠信書房，共訳），『トラウマへのセルフ・コンパッション』（金剛出版，共訳）がある。

山藤 奈穂子（やまふじ なおこ）

　お茶の水女子大学文教育学部教育学科心理学専攻卒，文教大学大学院人間科学研究科臨床心理学専攻修士課程修了。臨床心理士，公認心理師。竹内スリープメンタルクリニック非常勤心理士，スクールカウンセラー。2009 年より翻訳を学び，フェローアカデミーにおいて最上級クラスであるマスターコース（児童文学，ヤングアダルト，出版翻訳）を修了，フィクション，ノンフィクション分野においてプロの翻訳者として通用すると認められる「クラウン」取得。著書には『こころのりんしょう a・la・carte 第 26 巻 1 号〈特集〉受診しないうつ』（共編著），訳書には『オトコのうつ』，『脳をみる心，心をみる脳』，『大人の ADHD ワークブック』，『支持的精神療法入門』（すべて星和書店）がある。

【著 者】

ラッセル・コルツ博士（Russell Kolts, Ph.D.）

　1993 年，オクラホマ州立大学で心理学専攻を卒業し，1999 年，ミシシッピ大学で臨床心理学の Ph.D. を取得。同年よりイースタン・ワシントン大学の臨床心理学の教員として着任，現在教授。アメリカの内陸北西部にコンパッショネイト・マインド・センターを設立。長らく退役軍人，性犯罪被害者，気分障害の怒りの問題に取り組んでおり，はじめてコンパッション・フォーカスト・セラピーを怒りの問題に応用した先駆者である。また，*The Compassionate-Mind Guide to Managing Your Anger*（怒りに取り組むためのコンパッション・マインド・ガイド），*CFT Made Simple*（CFT がよくわかる），*Experiencing Compassion-Focused Therapy from the Inside Out*（コンパッション・フォーカスト・セラピーに浸る）の著者であり（いずれも未邦訳），TEDx talks でも CFT をわかりやすく伝えており，海外でもトレーニングやワークショップも開催されるほどの定評がある。

コンパッション・フォーカスト・セラピーに基づいた
アンガーマネジメント：真の強さを育てるために

2021 年 4 月 14 日　初版第 1 刷発行

著　　者　ラッセル・コルツ
監訳者　石村郁夫　山藤奈穂子
発行者　石澤雄司
発行所　^{株式}^{会社}星和書店
　　　　〒 168-0074　東京都杉並区上高井戸 1-2-5
　　　　電話　03（3329）0031（営業部）／ 03（3329）0033（編集部）
　　　　FAX　03（5374）7186（営業部）／ 03（5374）7185（編集部）
　　　　http://www.seiwa-pb.co.jp

印刷・製本　中央精版印刷株式会社

Printed in Japan　　　　　　　　　　　　ISBN978-4-7911-1077-3

支持的精神療法入門

アーノルド・ウィンストン, 他 著

山藤奈穂子, 佐々木千恵 訳

A5判　240p　定価：本体2,800円＋税

「患者さんを支持する」というシンプルで温かな営み
は、すべての対人援助の基盤である。相手をどのよ
うにサポートするかを治療テクニックの中心においた精
神療法が支持的精神療法である。

脳をみる心、心をみる脳：
マインドサイトによる
新しいサイコセラピー

自分を変える脳と心のサイエンス

ダニエル・J・シーゲル 著

山藤奈穂子, 小島美夏 訳

四六判　480p　定価：本体2,800円＋税

「マインドサイト」は、自分を変えるための道具。マイ
ンドサイトを身につけると、柔軟なシステムである脳と
心に変化が生じ、幸せを妨げる脳と心の働きのパター
ンが変化し、人生を楽しみ幸せに生きることができる。

発行：星和書店　http://www.seiwa-pb.co.jp

セルフ・コンパッションの
やさしい実践ワークブック

2週間で、つらい気持ちを穏やかで
喜びに満ちたものに変化させる
心のトレーニング

ティム・デズモンド 著　中島美鈴 訳

A5判　176p　定価：本体 1,700円＋税

たった 2 週間でつらい気持ちを解消する心のトレーニング方法「セルフ・コンパッション」の実践ワークブック。アメリカで注目を集めている“幸せを身につける方法”をフローチャートや実践例を交えてわかりやすく解説。

マインドフル・セルフ・コンパッション
ワークブック

自分を受け入れ、
しなやかに生きるためのガイド

クリスティン・ネフ, クリストファー・ガーマー 著
富田拓郎 監訳

B5判　224p　定価：本体 2,200円＋税

「自分を思いやる」ことで心身の健康や回復力を向上させる、実証的根拠のある心理プログラム。豊富なエクササイズや瞑想実践を通じて、自分と自分の人生を大切にし、より充実した毎日を送る方法を身につける。

発行：星和書店　http://www.seiwa-pb.co.jp

マインドフルネスを
始めたいあなたへ

毎日の生活でできる瞑想
原著名：Wherever You Go, There You Are

ジョン・カバットジン 著
（マサチューセッツ大学医学部名誉教授）

田中麻里 監訳　松丸さとみ 訳

四六判　320p　定価：本体2,300円＋税

75万部以上売れ、20以上の言語に翻訳されている書の
日本語訳。マインドフルネス実践の論拠と背景を学び、
瞑想の基本的な要素、それを日常生活に応用する方法
まで、簡潔かつ簡単に理解できる。

弁証法的行動療法
実践トレーニングブック

自分の感情と
よりうまくつきあってゆくために

マシュー・マッケイ，他 著

遊佐安一郎，荒井まゆみ 訳

A5判　436p　定価：本体3,300円＋税

弁証法的行動療法（DBT）は、自分の激しい感情に苦
悩する人々のために開発された、特に境界性パーソナリ
ティ障害に有効な治療法である。本書はDBTスキルを
自ら段階的に習得できる実践ワークブック。

発行：星和書店　http://www.seiwa-pb.co.jp